编委会

策　　划　中国美术学院创业学院

　　　　　浙江浙大文化创意发展有限公司

顾　　问　孙旭东

主　　编　竺照轩　许鲁挺

副 主 编　张 艳 孙 楠

特约监制　汤 菡　王佳丽　龚 艳

撰　　稿　罗佳丽　吴 桐　贺明明　颜 妤

中国美术学院
双创教育创业
案例集

A COLLECTION OF ENTREPRENEURIAL CASES IN
ENTREPRENEURSHIP AND ENTREPRENEURSHIP EDUCATION OF
CHINA ACADEMY OF ART

竺照轩　许鲁挺◎主编

ZHEJIANG UNIVERSITY PRESS
浙江大学出版社
·杭州·

图书在版编目（CIP）数据

中国美术学院双创教育创业案例集 / 竺照轩，许鲁
挺主编.—杭州：浙江大学出版社，2024.1
ISBN 978-7-308-24359-9

Ⅰ．①中… Ⅱ．①竺… ②许… Ⅲ．①中国美术学院
－大学生－创业－案例－汇编 Ⅳ．①G647.38

中国国家版本馆CIP数据核字(2023)第212237号

中国美术学院双创教育创业案例集
竺照轩　许鲁挺　主编

策　　划	中国美术学院创业学院　杭州浙大文化创意发展有限公司
责任编辑	杨　茜
责任校对	曲　静
封面设计	雷建军
出版发行	浙江大学出版社
	（杭州市天目山路148号　　邮政编码　310007）
	（网址：http://www.zjupress.com）
排　　版	杭州林智广告有限公司
印　　刷	杭州宏雅印刷有限公司
开　　本	787mm×1092mm　1/16
印　　张	10.75
字　　数	186千
版 印 次	2024年1月第1版　2024年1月第1次印刷
书　　号	ISBN 978-7-308-24359-9
定　　价	88.00元

目
录

001　吴建斌：　"青涩"少年，探寻艺术与科技的跨界

014　康　洁：　从泥里长出来的诗，从爱里长出来的艺术

026　张　迪：　从小鸡啄米到百鸟朝凤

035　刘晖阳：　方寸里的大世界

046　刘　杰：　光影之间的真实与自我

054　胡崇钦：　洪流里的童真岛

067　胡远辉：　聆听潇湘水畔的女书之韵

079　王金凯：　时光沉淀，未来可期

091　刘丹阳：　世态百相，丹心独造

103　牟　茜：　为皮影注入活的灵魂

116　王柏寒：　向阳而行

126　刘　潇：　坚定行走在自己的路上

137　罗振波：　垚兮垚兮，累土成歌

149　王善扬：　以动画为志业

161　苏　珈：　在经纬线间重拾家的记忆

吴建斌　IMPLEMENT & INNOVATION

"青涩"少年，探寻艺术与科技的跨界

毕业于中国美术学院雕塑与公共艺术学院公共空间艺术系

SPINOR 空介数字媒体实验室主理人

NIKE 虚拟现实合作艺术家

DIA 中国设计智造大奖颁奖典礼视觉团队负责人

致力于探索时尚设计与数字艺术的有效融合

　　虚拟与现实如同两个平行世界，共存于我们的日常生活中。这是一个令人激动的时代，Z 世代下的年轻人正在迸发出无限的想象力与创造力。他们不停地穿梭在虚拟与现实的两端，用艺术与科技手段探索虚拟和现实的边界，通过数字技术营造他们心中"真实"的世界。他们就是来自中国美术学院的青年创作团队——"SPINOR 空介"。

　　"SPINOR 空介"的创始人吴建斌毕业于中国美术学院雕塑与公共艺术学院公共空间艺术系。在校期间，他就带领着空介团队，凭借"虚拟数字人 IP 的多场景应用"项目，先后斩获第七届中国国际"互联网＋"大学生创新创业大赛总决赛高教主赛道金奖及本科生创意班最佳创意奖、"艺创杯"第四届全国艺术院校大学生创新创业活动暨西湖青年"星创"大赛金奖。如今，这个青年创作团队已发展成为杭州空介视觉科技有限公司。

第七届中国国际"互联网＋"大学生创新创业大赛获总决赛高教主赛道金奖、本科生创意组最佳创意奖

在不断碰壁和上下求索的过程中，吴建斌带领他的团队最终找到了合适的切入点，在数字技术与虚拟现实领域取得了不凡的成绩，成为使用虚拟现实与 AI 交互技术为各类行业赋能的新生力量。

启蒙：在课堂上"玩"出花样

2019 年，大学二年级的吴建斌对专业课老师在机动装置课上提出的"便携式"概念产生了很大的兴趣。在完成课程作品时，他以机动装置为主体，做了一个长着翅膀、可以不断模仿四足动物跑步状态的仿真结构，创作出了可穿戴的机动装置作品"支羽"。

正是基于这个作品，吴建斌有机会受邀为明星李晨和潘玮柏携手创建的潮流品牌 NPC 创作了三件便携式机动装置，并带领团队成员一同参加了上海时装周 NPC SS2020 Boom for Lonely 发布会，收获了诸多称赞。随后他进一步探索，为 NPC 和 GORE-TEX 的联名球鞋 SHUTTE 创作了数字动画。

基于一件课程作品，在短短三年内发展出一家公司并开始赢利，在外人看来，吴建斌很幸运，但在他本人看来，却是"时势造英雄"。"现阶段这个环境带给年轻人的创业氛围是非常好的，这个世界给了年轻人发声的渠道。"创新发展开辟了

可穿戴的机动装置做作品"支羽"

NPC SS2020 Boom for Lonely

新场域，让创作者们能够通过技术工具打造颠覆性的世界。

但在机遇面前，仅有一腔热血可行不通，吴建斌开始对自己的创作进行反思，认为创作不应该只拘泥于简单的视觉表达，更多的是表达自己对于未来的创想及将创意落地的能力。如今，在中国美术学院旁边的凤凰创意园，吴建斌带领团队"SPINOR 空介"承接多个业务，开拓新的领域，包括以虚拟数字人 IP 为主的新媒体及装置艺术、裸眼 3D 动画、拓展现实（extended reality，XR）交互体验、元宇宙 3D 游戏等，阐述年轻人对虚拟与现实的理解，畅想他们心目中期待的虚拟世界的模样。

在与吴建斌的交流中，"创业"是他频繁提起的一个词语。吴建斌的父母也是靠创业起家的，受到家庭环境的影响，他从小就浸润在关于"创"的精神当中，从而成就了他敢想、敢闯、敢拼的性格。其实早在高中时期，吴建斌就有过不少创业的经历，新媒体运营、市场零售等工作让他体会到了创业的艰辛并对创业有了初步的认识。在创业这条道路上，吴建斌始终在不断地进行探索和尝试，因此当这颗创业的种子遇到合适的土壤时，便焕发出了旺盛的活力。

今天，艺术与科技联结得比以往任何时候都更紧密，新兴媒介、新兴技术的发展为艺术内容的创作和表达提供了新的可能。吴建斌用独具创意的形式去实现艺术与科技的跨界融合，用充满活力和创造力的青年一代的"脑洞"打破了艺术与科技分野的刻板印象，在多个领域不断尝试，玩出新的花样，让人们看到了不一样的世界。

 空介的虚拟数字人物

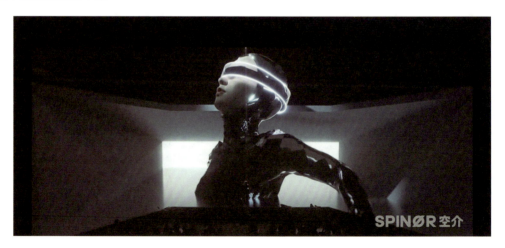

沉淀：等待创业的机遇

对于吴建斌来说，2019 年是不平凡的一年。这一年，吴建斌参加了大学生创新创业大赛，萌生了"数字化"的创业想法。"为什么会想到'数字化'这个点，我觉得跟我们所处的这个时代有很大的关联性。从最早不了解互联网，到互联网跟日常生活息息相关，再到互联网的下一个时代出现，虚拟和现实的边界处在不断地融合、打破、再融合的过程中。"这一年，"SPINOR 空介"诞生了。

"SPINOR 空介"全称为"空间介入模拟器"，背后的深意是期望能在"元宇宙"这个词刚刚出现但一切还方兴未艾的时候，让虚拟和现实连接得更加紧密、发展得更好。

2021 年，扎克伯格将 Facebook 正式更名为 Meta 并发布他的元宇宙计划后，"元宇宙"一词迅速"破圈"，成为大热话题。"SPINOR 空介"搭乘这波热度，主打元宇宙数字内容的生产与介绍。但"元宇宙"究竟是什么？吴建斌说："每个人对于它都有不同程度的理解。"他进一步描述道："它是一定程度上与现实世界高度融合的状态，在这个状态下，人类的生活更加的智能化。"传统 2D 平面化展示已无法满足大众多样化的体验需求，人们的交互方式正在从二维向三维发展，虚拟与现实交融之际，吴建斌团队借元宇宙概念为我们的生活带来了新的应用场景。

虚拟人 ED011 的骨骼动画调试

青艺周 · 现在史 · 数字人类 [- ∞，∞] | 混合现实展演作品

2021 年三四月份是吴建斌创业过程中的一个重要节点。在这期间，他参加了王坚院士发起的主题为"年青人因科技而团聚"的"2050 大会"。

通过自愿发起、青年人发声的项目活动，吴建斌以招募志愿者的形式搭建起了初期的团队。在活动中吴建斌带领团队做了一个视觉展演，我们可以把这个视觉展演理解为演唱会或发布会的视觉部分。

基于此，他又承担了中国美术学院 2021 年度毕业展开幕式的视觉展演任务，同时，还和知名歌手吴克群在芒果 TV《说唱听我的 2》节目的公开演出舞台上进行跨界合作，联合呈现新媒体舞台。

然而，看似一帆风顺的过程，并不是一蹴而就的，其间遇到过诸多挑战。吴建斌用"爬坡"来形象地比喻他的这段艰苦的创业经历。"其实大家都会有一个心理预期——很多事情都是不顺利的。在上升阶段或者爬坡的过程中，你会很辛苦，你会气喘吁吁。"即便如此，他依旧保持着积极乐观的心态，用辩证的思维看待事情，"其实对于我们来说，遇到的挑战当然有很多，但是我觉得也不算什么事情"。

"SPINOR 空介"作为在新冠疫情期间成长起来的公司，对疫情的感知也十分敏感。三年疫情中，"SPINOR 空介"发生了很多的变化，项目的进程被推迟，百分之八九十的项目都受到了疫情影响。但幸运的是，一些新项目也因为疫情被催生出来，在特殊条件下，很多品牌更愿意进行新的数字化尝试。

提到创业，人们常用"九死一生"来形容，可见创业是一件非常困难且具有挑战性的事情。关于创业，吴建斌也有自己独到的见解："当你提出一个相应的概念，而我要去做这样一个创业项目时，可能会面临非常极端的情况——社会还不需要这些东西。"由此看来，创业的"创"，是在了解所处的时代、行业的背景下，导出一种新的可能性或新的需求。即便前路荆棘密布，吴建斌依旧保持着乐观和活力，站在更广阔的视角观察行业风向，不断沉淀专业知识，大胆跨界合作，把握住每一次创业机遇。

抉择：仰望星空与脚踏实地

艺术与商业，好像天然地处于天平的两端。追求艺术和商业的结合，到底是殊途同归还是背道而驰？吴建斌通过"SPINOR 空介"的实践给了我们一个答案：两者并不矛盾。一方面，他仰望星空，追求创意和表达；另一方面，他也脚踏实地，发展壮大自己的团队和公司。

早在 2019 年的时候，吴建斌的团队就有构思虚拟数字人创意项目的想法。2021 年，随着"元宇宙"等高频词、热词的流行，大众对虚拟数字人的创作媒介有了一些了解。通过市场反馈，吴建斌团队开始分析关于虚拟数字人的多场景应用的项目实践，不仅在艺术表现形式上有所创新，更是在努力开辟一个行业的垂直子类目。

"天时地利人和"是他认为要做好一件事情的条件。他认为："不管是从国家层面、地方层面还是学校层面，先要有一个空间和土壤，我们才有机会进行相应的探索和尝试。"某些行业的先锋公司在早期确实引领过一个时代的发展，但吴建斌想探索一些新的道路，与时代挂钩，让公司可以走得更远，实现可持续发展。

在团队的搭建上，不同于我们过往的理解，"SPINOR 空介"并没有设置纯粹的技术岗位，而是对人才提出了更高的要求——需要具备技术和美术双重能力。吴建斌解释道："如果懂技术的人才同时懂美术，懂美术的人才同时懂技术，我们整体的协作就会非常顺畅和高效。"吴建斌立足于自己的美学艺术专业，希望打造一个线上的数字化艺术平台，并用自己所学和所擅长的东西寻找应用点。在这个初始概念基础上，"SPINOR 空介"团队应运而生。

在公司业务上，吴建斌尝试发现新的"破圈"点。"在艺术门类里面，确权这件事情还是非常重要的。"吴建斌强调，购买的艺术品具有唯一性是消费者所看重的，对于创作者而言也会获得更大的权益。现在再来看数字化艺术平台，它关乎区块链，可溯源，具有商用价值。基于这样的想法，"SPINOR 空介"通过开办展览去推动类似艺术衍生品的设计，在此过程中业务和团队逐步发展壮大，项目得以落实推进。

在与诸多合作伙伴的来往中，有一段比较特殊的经历，令吴建斌印象非常深刻。"我觉得比较荣幸的是与浙江广电集团合作，为'共同富裕在浙江'做主标识的设计。"作为在杭州生活多年的人，能通过这次合作去梳理整个浙江文化的深层次内容并将其用视觉化方式呈现出来，吴建斌认为这是一次特别的尝试。在他的带领下，团队创作出了"思想如水，水润江南"系列影像。不同于过往大众对国画的认知，团队创新创作方式，采用"三渲二"的形式，即三维场景、二维贴图来呈现浙江地区不同城市的地形地貌，用新的技术手段实现视觉上的表达。

作为一名艺术生，吴建斌深刻地认识到技术的发展对艺术创作本身有着非常大的影响。在技术快速迭代的时代，他认为未来会出现很多工作岗位、产生很多创新方式，对技术非常感兴趣的他，也在这个方向上不断地进行尝试和探索。"虽然都同处于一个省，但不同城市的地形地貌，包括整个色系颜色、人文景观都是不一样的。在一个视觉宣传片当中去表达差异性，实际上就是表达浙江人因水而清的状态，

三维彩墨｜现代版"富春山居图"工程展示　　　"三渲二"场景测试过程

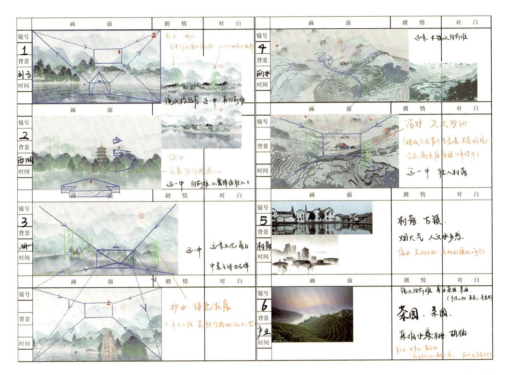

分镜绘制

这就是一种尝试与创新，我们可以在这个项目中找到意义和价值。"

谈及项目合作，吴建斌认为合作是双方在不断地带给对方新的认知并一起去探索更多可能性的过程，是一个共创价值的过程。他再次拿"思想如水，水润江南"系列举例，广电集团作为媒体平台擅长做内容的分发和传播，"SPINOR 空介"则擅长用优秀的数字内容进行表达，双方一拍即合，契合得非常完美。

关于公司未来的发展道路，吴建斌认为，"SPINOR 空介"的发展方向更偏向于 4A 广告公司。他认为未来的 4A 广告公司应该以人为本，不论是大公司还是小公司，不论是甲方还是乙方，所做的内容都应该是以人为本的。比如对于一家食品公司，大众最根本的关注点是它的产品有没有营养价值或者好不好吃，包装和营销虽然也很重要，但是这些是属于次要层面的内容。未来的 4A 公司，一定是跟许多行业、很多新型营销方式或渠道密切相关的。例如对于现在合作的 4A 公司，吴建斌考虑的不再是项目本身，而是合作方的意愿。他用一个很直白的例子向我们做了解释。

杭州西湖天幕《栖西夕》

2021 年 7 月，"SPINOR 空介"承接了一家公司新产品上市的策划活动，其中搭建的虚拟场景除了有利于当期新品的宣传以外，还有助于这家公司在后续产品开发上打造虚拟世界。这是"SPINOR 空介"和合作方都在探索和尝试的新方案，也为品牌带来了更多的价值。

在仰望星空与脚踏实地之间，吴建斌做到了有效的平衡。他身兼数职，既是"SPINOR 空介"的创始人，为公司创造价值和收益；同时也是虚拟世界的叙述者，穿梭在虚拟与现实之间，向大众展现他对未来的无限遐想。

保持初心，无畏地肆意生长

出生于 1999 年的吴建斌，言谈举止中透露出一股"老成"。曾经的他也是一个梦想仗剑走天涯的单纯少年，是创业慢慢改变了他。他说："在创业过程中，你要接触各种各样的人，这绝对会让你认识到，你作为一名学生所接触到的和你真正去做一些事情之后接触到的是完全不一样的。"创业路上，有坎坷也有彷徨，但一路上有好友携手相扶，让他明白所有的弯路都是人生的必经之路，信念是行动的旗

"SPINOR 空介"团队成员（部分）

帜，只要信念不倒，遇到挫折或者坎坷就一定能重新站起来。

吴建斌的团队成员非常年轻，提到团队的 11 个小伙伴时，他用"青涩"这个词来描述他们。这个词来源于他在一个展览上看到的安藤忠雄的作品《巨型青苹果》，这幅作品想要表达的是"愿人类与建筑、街市与社会都不要完全成熟，保持积极挑战的青涩态度"。青苹果所传达的朝气蓬勃和充满希望的意义正是吴建斌团队所拥有或者致力于追求的状态。因为青涩，从而愿意去挑战；因为不甘于年少无知，从而愿意去尝试和探索，去证明自己存在的意义和价值。在团队遇到挫折的情况下，如何去消化一些负面情绪，集体的力量显得尤为重要。"我们要去接受这种不确定性所带来的变化，尽快地去调节。"青苹果不仅传达出勇气，作为一个团队、一家公司，更是传达出温暖与治愈人心的力量。

乔布斯有句经典名言："Stay hungry, stay foolish."从一定意义上说，这句话正是吴建斌的真实写照。他时刻提醒自己保持"空杯"状态，要不断地去学习和接受新的东西。"真正意义上的老了或者不再年轻了，是觉得自己满了。"在他看来，在当下这个时代，新鲜刺激、日新月异的信息扑面而来，那种"满了"的状态是非常危险的，容易让自己活在自己的世界里，与时代脱节。除此之外，吴建斌还强调我们需要有理智分析思考的能力，才能更好地接受当下时代所给到的信息，才能有能力去消化、消解知识，从而有更多尝试的机会和可能性。

俗话说："三人行，必有我师焉。"吴建斌身边有许多发挥着榜样作用的人，这些人都是他创业道路上的目标，不断督促他向前进，让他免于陷入故步自封的境地。吴建斌十分看重身边的人带给他的影响，这个人可以是身边的长者，也可以是有好的学习状态的同龄人，因为他能真切地感知到这些人的气息，所以往往会给予他更加深刻的影响。"这样一个目标就在身边，会让你更抓得住一些，对自己的促进作用也会更大。"

作为"技术流"的吴建斌，身上带有一股中国式极客的味道，对未来世界充满探索欲，追求极致，挑战自我。"关于极客精神这件事情，其实我觉得我一直保持着好状态，而且我希望自己未来一直是这样。"他直言，随着不可避免的身体器官的老去和意识思维的变缓，这种状态可能会消退，但他非常希望自己到了七八十岁之后还能保持这股"青涩"的状态，还能像现在一样抱着宽容的心态接受新的事物，不断开放心态，汲取新的力量并为自己所用。

开放的视野和求知若渴的态度，使吴建斌永远处在"充电状态"。虽然他喜欢用技术视角看事物，但对于他而言，内容的好坏并不完全取决于技术，而是有没有将技术摆放在该放的位置上。这与吴建斌选择合作方时所考虑的东西是相通的。"选择合作方时，我会非常注重双方的'基因'这件事情"。他认为，合作的双方如果能找到匹配的合作点，就能达到事半功倍的效果，找不到的话就会有点痛苦。同时，对于一名创作者而言，需要一些新体验、新思路。吴建斌还认为，在创作过程中，感知力十分重要，它能帮助创作者从微观世界中创造出新的事物。

"梦都梦不到的时候，大脑就如一坨糨糊，我又怎么能描绘出世界的模样？"

"即使你是一叶孤舟，当看到星辰大海的时候，你还是愿意启航，这种精神状态是最难能可贵的。"在接触了越来越多的合作方后，吴建斌认识到了自己的不足之处，也看到了自己的渺小，但他始终保持着青涩的状态，带着一股青春的冲劲直面困难，不惧失败。

创业需要一个良好的环境和平台，回首创业经历，吴建斌十分感激母校中国美术学院给予的帮助和支持。他形容母校是一位"无私的妈妈"，这种无私是不要求回报的真真切切的帮助。近两年，中国美术学院在创新创业上一直在进步，并在如何通过创新创业学院把各个学院的特色串联起来这方面，取得了不错的成绩。面对还在校园或即将走出社会的学弟学妹们，吴建斌反观自身，给出了最真诚的建议。他鼓励学弟学妹们勇敢地迈出脚步，运用无拘无束的艺术想象力为科技创造更多的可能性。中国美术学院的学子具有丰富的想象力，但也需要做到知行合一，提高让想象力落地的能力。"中国美院给我更多的是一些开拓想象的东西，我觉得很多人缺乏的是把这些想象力转变为现实的落地能力。只要能够将想象力落地，形成一个正向的反馈，就会非常有助于成长。"在不懈的努力下，不畏惧失败，尝试跳出舒适圈，逐步走起来、跑起来，就会迸发出强大的能量。

漫漫人生路，这位少年带领着"青涩"的团队肆意生长、勇往直前，跨越虚拟与现实的边界，为世界留下一件件独特又富有生命力的作品。

康 洁

从泥里长出来的诗，
从爱里长出来的艺术

毕业于中国美术学院壁画系（现调整至绘画艺术学院）公共艺术学院
达达鱼艺术教育创始人 / 教学总监
出版《艺趣：儿童创意艺术教程》等书
传播爱与美的资深儿童美育工作者
有大爱的资深支教公益人、艺术旅行家

最能吃苦，却为孩子们洒下一地柔美的月光

"我真的是一个比较能吃苦的人。"被问及走上创业道路的原因时，康洁回忆起大学时期的经历，轻轻地展露出笑容，让人感受到她温柔而强大的气场。这并不是一句自夸，而是她紧凑而忙碌的大学生活的真实写照。就读于中国美术学院壁画专业的她，经常需要爬上十几米高的脚手架作画，在上面待一整天，连吃饭都不下来，只能坐在脚手架上吃预先带上去的简餐。脚手架旁就是工地，常常有挖掘机在一旁轰鸣着翻搅泥巴，大学时的康洁就是这样在艰苦的环境里浇灌着艺术之花。除了专业课的学习与实践，康洁作为学生会副主席，大三、大四阶段还需要担任许多活动的策划与执行。此外，她秉持着勤工俭学的良好品格，课余还做着美术家教等兼职工作。紧凑的日程，每天不到 5 小时的睡眠，康洁却

依然保持着乐观积极的态度，欣然应对生活中的每一个挑战，不断锻炼着自己的"精神肌肉"。

康洁就这样始终向前奔跑，一跑便是四年。四年的风雨兼程，她为自己的创业之路积累了强大的信心和解决问题的能力。创业需要一个人具有统揽全局的智慧和勇气，更需要坚持不懈的执行力将设想落到实处，这对大多数人来说都是极其辛苦的历程。作为一个"初出茅庐"的女性创业者，康洁却并不感到辛苦。此外，美术教育培训的兼职经历也让她在多元的创业赛道中找到了与自己内心的追求相契合的方向。康洁从高中就开始在画室教孩子画画，来杭州上大学以后继续做美术家教，既带过小朋友，也带过即将高考的艺术生。她和孩子相处得十分愉快，加之自己主攻的纤维艺术方向既有大量手工元素，又属于现代奔放型画风，与孩子的艺术创作天性和爱动手的特性非常契合，于是在考察了杭州本地的市场环境后，结合自己的能力与兴趣，她顺应了内心的召唤，开始了少儿艺术教育的创业之路。

康洁刚开始创业时，杭州虽然已经进入全国发达城市的行列，但是当地从事创意艺术培训服务的机构并不多，专业教师更是凤毛麟角。幸运的是，康洁发现杭州人思想观念相当开放，随着城市的发展，他们对孩子在艺术素养方面的追求渐渐超过了在技法方面的追求。许多家长经常带着孩子去参观美术馆或参加画展，愿意花时间和精力来培养孩子的创意能力和艺术情操。这样的社会环境，给予了创业初期的康洁极大的信心，她希望自己能够填补市场空白，为有需求的孩子提供优质的艺术教育服务。

"相比于高考艺考培训，少儿艺术培训更加开放一点，因为前者对升学率有要求，会带来很大的压力，而后者则没有这方面的问题。"康洁坦言少儿艺术教育更符合自己的理念，"升学考试有一个既定的标准，但是在我看来，艺术是没有标准的。如果让我逼着孩子去画素描、画速写、画色彩，我的内心会很挣扎。"康洁不愿意带给孩子压力，也不愿意违背自己的艺术理念，两相磨合之下，理想的图景慢慢清晰，她希望能创建出一片轻松愉快、充满创造力的艺术教育小天地。

2012 年，康洁大学毕业，创业的机遇也正式到来。2013 年，中国美术学院"双创"（创新创业）服务为学生提供了一个创业孵化基地，借助这股东风，在中国美术学院老师的帮助下，康洁投身创意艺术教育的梦想在中国美术学院南山校区 218

指导学生创作

咖啡吧里正式落地，达达鱼艺术教育从此诞生了。从 10 个人的规模开始，这艘满载着梦想与激情的小船开启了星辰大海的征途。

创业是一个"从 0 到 1"的过程，看似只是小小的一步，却会遇到许多意想不到的挑战，而在缺钱、缺人、缺资源的初期，一切阻碍都需要创业者自己克服。创业最初的课程打造、项目宣传、客户沟通、财务采购甚至是场地装修，都由康洁亲自操办。"现在放在门口的那些凳子，上面的彩漆都是以前我自己刷的。"康洁回忆道，"地板是自己铺的，墙纸是自己贴的，连水龙头也是自己拧自己换。"她记得有一次需要半夜搬一个巨大的柜子，柜子太重了，她一个人搬不动，又找不到任何人帮忙，只能独自在快递公司里把柜子先拆成一块块板子，分成好几批慢慢运回公司，然后再把它们重新组装起来。

连公司里的一桌一椅都注入了康洁如此多的心血，课程内容就更不用说了，自然是倾注了她更多心力。对于某些披着教育的幌子做金融产品，收割够报课费用就卷钱跑路的连锁店，康洁是不认同的。她一直认为教育不应该是速食行业，而是需要进行长期投入和积累的行业。因此，达达鱼所有的老师都需要经过严格的筛选和培训后才能上岗，每节课程的备课方案也都由康洁亲自把关。此外，康洁还鼓励授课老师坚持终身学习，让他们多去看展参展，以保持鲜活的艺术灵感。在公司财务方面，康洁也坚持行稳致远。在新冠疫情期间，许多机构都出现了财务问题，达达鱼却能够正常支付房租和工资，还能保证把预缴的学费退给提出退课需求的家长。在这次疫情"大考"中，许多机构倒下了，而达达鱼一贯的诚信经营让它交出了优秀的答卷。

初心不改，热血难凉。这位自己"能吃苦"的优秀创业者，在创业的 10 多年中，始终如一地为孩子们撒下一地柔美月光，守护着孩子们的纯真与笑容。

世界上最好的教育是爱的教育

康洁的少儿创意艺术培训公司名叫"达达鱼"，她创立这个教育机构的理念是"世界上最好的教育是爱的教育"，而且公司的名称，也充满着爱带来的灵感。康洁向我们介绍公司名称的有趣来历："当时我们想了很多名字，都不太满意。后来我们有位股东跟她刚出生的女儿聊天的时候，开玩笑般地问女儿公司应该叫什么名字。一般还不会说话的小朋友的发音都是'哒哒'，那天这位股东的女儿又刚好'咦'了一声，一连起来就成了'达达鱼'。当代艺术里有一个流派叫达达主义，这个流派的艺术风格跟我们教学的理想风格很接近，再加上达达鱼是个很可爱的形象，于是最终'达达鱼'就成了我们公司的名字。"

"达达鱼"这个名字奠定了公司"爱与灵感"的基调，"爱与灵感"这两个关键词在公司的日常运转中时时可见，处处可见。

达达鱼最有特色的教育产品是创意艺术课，这也是"爱与灵感"的核心体现。老师在每节课上会定一个主题，这个主题可能是一个关键词或者一种材料，然后让孩子们根据这个主题发挥自己的想象，在团队协作中完成一件创意作品。比如说老师会以"游乐园"为主题，然后给孩子们提供上百种材料，让他们根据自己对材料的理解去剪贴拼接，创作出一个游乐设施，最后再将班里所有孩子创作的游乐设施陈列在一起，形成一个大大的游乐园。老师们不会给孩子们设定一个固定的路径，而是尊重孩子们的一切创意想法。比如说孩子们需要做一个摩天轮，他们可以用扭扭棒去扭，可以用

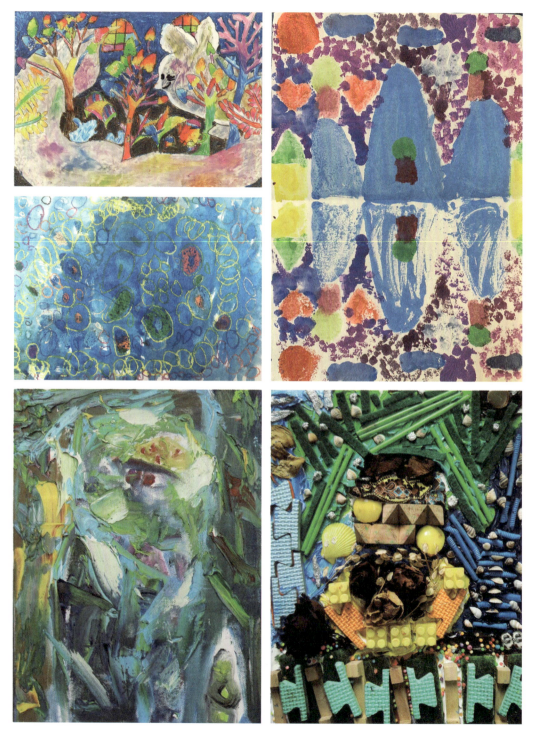

孩子们的艺术作品

一次性餐盘做，也可以采用更大胆的方案。在这个过程中，相比于照本宣科的概念介绍，孩子们能更深刻地理解"变形"的含义，也能对自己的创造力产生更强的信心。"不只是孩子自己很有成就感，他们的作品也总是能给我们这些大人惊喜，因此我们很少去教他们怎么做，而是引导他们怎么拥有创作思路，怎么把创作思路落地。"康洁眼里闪着光芒，满溢着对这些充满灵气的孩子的骄傲之情。

这样充满创意的课程模式来源于康洁的大学导师带给她的启迪。当时在她处理纤维艺术材料时，老师引导她，在看到一个面具时，如何通过扭曲变形达到更好的表达效果，用材料讲述一个更饱满的故事。在这个过程中，老师从来不会干预她的具体想法，哪怕按照老师的过往经验，她提出的某个设想是不可行的，老师也会鼓励她去"试一试"。"有些路我走可能是死胡同，让学生来走没准就能前景广阔。学生想要在艺术道路上走得好，不仅要会划船，还要敢掌舵，他们完全可以自己做决定。"康洁回忆着恩师当年对她的谆谆教导。这种让学生自己"掌舵"的思想，也由康洁从中国美术学院的校园赓续到了达达鱼，继续激励着一批又一批的孩子在艺术的广阔世界里闯出属于自己的精彩道路。

在"游乐园"主题创意课程中，孩子们不仅锻炼了自己的思考能力和动手能力，还锻炼了自己的沟通协作能力。因为游乐园有很多不同的设施，除了主要的游乐设施，还需要有大门、指路牌等附属设施，每一样设施谁负责做，最后应该放在哪里，都需要孩子们相互沟通和协调。像这样的创意课程在达达鱼还有很多很多。善于链接资源的康洁经常把中国美术学院学有所成的优秀同学请到达达鱼来设计"限定款"专业课程，例如请服装设计系的同学教孩子们立体裁剪、缝纫技术，请建筑系的同学教孩子们制作创意椅子等。有时候，创意课程并不在机构内进行，而是挪到更广阔的户外，如老街、古建筑、民俗技艺展等这些地方去开展，而每种凝结了人文精神的创意都有可能成为达达鱼的教学素材。通过达达鱼，孩子们既能围坐在创意教室的一方小天地里畅想宇宙之无穷，也能行走在古道田野中体验有限生命的无限精彩。

相比于填鸭式的绘画技法教学，康洁更希望通过创意艺术课鼓励孩子们发挥自己的想象力，延长艺术敏感期，真正培养出属于他们的艺术创造力，而不是把培训当成幼儿时期的"玩乐"。当家长们认为创意课只属于幼儿园阶段，孩子上了小学就应该学习素描时，她耐心引导家长们转变一些既有的看法。康洁认为，孩子上了小学以后，各方面的创意思路会随着认知的提升而更加奔放，随着年龄增长而提高的手眼协调能力也能让他们把脑中的想法更好地呈现出来，如果能在这个阶段保护好孩子的创意能力，对孩子来说将是一件受益终身的事情。在孜孜不倦的教学过程中，她始终记得导师的一句话："对一个孩子来说，语文、数学之类的文化课是他的主食，吃这些东西能让他成长；而艺术属于营养，是他成长的肥料，给他施肥能够让他长得更好。"康洁创业的初心便是做一位好的"营养师"，给予孩子们爱与艺术的熏陶，培养具有艺术情操的人，而不是只有绘画技艺的娴熟的匠人。

康洁在教育产品上浇筑的爱并不是单向的，她的热爱、用心和纯粹都被家长和孩子们看在眼里、记在心里。多年以来，达达鱼和家长之间建立起了深厚的信任，孩子和老师之间的互动也总是涌动着纯洁的爱意。公司在建立之初并没有太多的宣传预算，只有中国美术学院的老师和朋友依靠个人情谊口口相传，这导致最初来上课的10个学生家长颇有些"为梦想付费"的意味。但是康洁没有让他们的期待落空，她用扎扎实实的产品和服务赢得了家长们的口碑。现在达达鱼所有流量几乎都是从最初的那10个学生家长开始口口相传、以老带新而来。达达鱼有许多由家长开车几个小时跨区来上课的学生，甚至有一位学生每周从安徽跨省坐高铁来上课。家长和孩子们不辞辛苦来达达鱼上课，对康洁来说是莫大的支持和鼓励。

在达达鱼，孩子们和老师的相处甚至模糊了传统的师生界限，大家就像真正的一家人一样。有女孩子披头散发地来上课，一进门就跑到老师跟前，把掌心摊开露出几根皮筋，笑吟吟地跟老师说："老师帮我梳头好不好呀？"拿起画笔，她们是循循善诱的艺术老师；拿起梳子，她们便是笑脸盈盈的姐姐和妈妈。相比于被众多人情世故规训得八面玲珑的大人，孩子们是最能够诚实地感受爱意、表达爱意的。感受到老师的付出，达达鱼的孩子们也把老师放在心尖尖上挂念，假期一别再见，他们经常会跟老师说"我好想你"，每逢节日也会给老师送上诚挚的祝福小卡片。

达达鱼：为每一个艺术梦保驾护航

康洁身体力行地诠释着"因材施教"的内涵，每一个孩子对她来说都是一块独

护航每一个艺术梦

特的璞玉，没有高低好坏之分，都能在达达鱼发挥出独特的创造力。她分享了一个令她印象深刻的故事。有一次，她接到一位家长的电话，那位家长说，自己的孩子非常喜欢画画，也去过很多培训班，但是那些老师都说她不适合画画，听说达达鱼的教法和其他地方不太一样，希望带孩子尝试最后一次。康洁十分困惑，怎么会有孩子"不适合"画画呢？当她见到孩子以后，才发现这个孩子的想法很独特，比如不喜欢把葡萄画成圆的，而是画成方的，这让许多传统的老师觉得这个孩子"无药可救"，却让康洁眼前一亮，这种特立独行、自由创作的方式不正是达达鱼推崇的艺术理念吗？这个孩子也非常喜欢达达鱼的氛围，自此留在达达鱼，开心地"玩"起了自己最感兴趣的画画。时间如白驹过隙，当初古灵精怪的孩子如今已经成长为准备去国外艺术院校留学的准艺术家了，她和她的家长十分感念达达鱼的艺术启蒙，经常和康洁交换彼此的近况。这个孩子在达达鱼的帮助下实现了自己的梦想，而作为她的梦想发源地的达达鱼还在继续前行，持续孕育着更多孩子的梦想。

达达鱼不强迫每一个孩子成为艺术家，只希望孩子们感受到艺术之美，成长为一个更加幸福喜乐的大人；这里也不拒绝每一个成为艺术家的梦想，不止提供桃花源般的绮丽幻境，也提供最专业的培训服务。

达达鱼为许多孩子打开了艺术之门，后来这些孩子渐渐长大了，有些孩子选择轻轻退出这扇门，带着在艺术世界收获的惊奇与感动走向其他领域；也有些孩子感受到了内心的强烈感召，希望在艺术的世界里走得更远，决定走上专业美术的道路。针对后面这群孩子，达达鱼开拓了艺考培训业务。但达达鱼的艺考培训和常规的艺考培训不太一样。康洁认为达达鱼坚持的是"以终为始"，追求的并不是艺考的绝对高分，而是提升孩子的创造力；应试只是艺术高等教育前的一个过程，绘画技法只是为人所用的工具，如果把通过艺考当作目标，就会磨损孩子们珍贵的创造力。于是她请来从中国美术学院毕业的优秀教师担任授课老师，希望用最专业的师资和最用心的服务，让孩子们在"应试"中少走一些弯路。

事实上，康洁并不担心达达鱼的孩子们会通不过艺考，因为他们从小就接触艺术之美，早就形成了非常成熟的审美眼光。由于达达鱼的老师毕业于中国美术学院并且用心打磨课程内容，孩子们学到的都是和前沿的大学教育接轨的美术知识；至于绘画技法，孩子们也在一次次创意艺术实践中边玩边用，逐渐熟稔于心；再加上有在往届艺考中名列前茅的专业老师指点迷津和保驾护航，这些孩子的追梦之旅必然是一片坦途。

与是否能通过艺考相比，康洁更在意的反而是孩子们考上中国美术学院之后的道路。"考上中国美院后，孩子们会发现大学的课程和他们小时候上的创意课内容是一样的。我希望他们永远不要成为抄袭设计的美术从业者，而要成为不断借由各种载体去表达自己独特情感的艺术家。"她总是温柔地看着孩子们，从那些稚嫩活泼的脸庞上，看到他们长大后的无限精彩。达达鱼希望长远地守护着孩子们，给他们带来获益一生的美好体验。达达鱼如同海边矗立的灯塔，目送着一艘又一艘的小船离开海岸，祝福每一位勇敢的冒险家"长风破浪会有时，直挂云帆济沧海"，而自己则散发着强烈又柔和的光辉，永远地矗立在岸边，给人永恒的信心。

入选 2018 "十度创想人"

艺术之旅，公益之旅，亦是心灵之旅

达达鱼几乎每年都会组织游学活动，这是因为喜欢旅游的康洁想带着孩子们在广阔的天地间体验不一样的文化。起初达达鱼会设计2至3天的短途旅行，有了足够的经验后，康洁就开始设计为期10天的长途旅行计划。贵州、山东、广东、云南……越来越多的目的地留下了达达鱼师生大小交错的温暖足迹。在大自然曼妙的风光里，孩子们支起画架，或者简单地拿起小画本，一边感受着清风慷慨送来的花香和麦香，一边把内心的感受借由画笔呈现在画作上。虽然画面中没有风，但是在这种情境下创作的作品却能让人有清风拂面之感。这样美好的体验，无疑是人生中的珍宝。

但旅行的意义不仅仅在于艺术的灵感启发，更在于向孩子们传递"无穷的远方，无数的人们，都与我有关"的信念。康洁努力把单纯的"艺术之旅"升级为"公益之旅"，将自己始于中国美术学院求学时期的公益情结延续下去，并传播开来。在一次前往贵州的游学中，她联系了当地的山村苗绣非物质文化遗产手艺人，与他们合作设计了绣花、蜡染等系列创意艺术课程，既让孩子们体验到了民俗艺术的魅力，又为经济困难的当地人带来了一笔可观的收入，更关键的是，这种充满创见的模式有利于非物质文化遗产的良性传承。

康洁对贵州山村的困难情况非常关注。当地的村民住在深山之中，男耕女织的传统经济模式虽然能够让他们的基本生活不成问题，却不能够支撑他们供家里的孩子接受教育。虽然九年义务教育不需要学费，但是读书期间的餐费、书本费等费用也足以让当地年收入只有2000元的家庭陷入窘境。许多孩子因此早早出去打工，父母辈的技艺由于不能直接创收而无人传承，甚至连手艺人自己都慢慢失去了文化自信。"我希望鼓励他们重新树立起文化自信，让他们知道这些手艺是非常有价值的，让他们不用外出打工，在家陪伴孩子也能够有收入。"她相信传统艺术的价值绝不止于此，于是尽自己的一份力量推动传统技艺的传承；她相信公益的星星之火可以燎原，自己的一个举措能够在孩子们的心底种下社会责任的种子，就像自己大学时参加了中国美术学院组织的支教活动，然后坚持至今一样。她相信有一天，也许就是这些孩子中的一员，能够传承她的信念，用更富有想象力的方式，将传统艺术的价值进一步放大。

研学之旅，2016年黔东南高文小学支教低段班合影

当游学的"艺术之旅"加入"公益之旅"的内涵，就变成了一段反哺艺术修养的"心灵之旅"。触及心灵的经历是最好的艺术教育，毕竟艺术就来源于人对世界的理解。孩子们看到更多元的生活方式之后，变得能够以更平和包容的心态进行创意表达。他们脱离了快节奏的都市，进入山村体验当地慢节奏的生活。这种"慢"其实是艺术家的理想。静下来、慢下来，心灵才会变得敏感。走过当地的风雨桥，捏过当地的绣花针，感受过苗族传统银饰沉甸甸的质感，无数的灵感便如雨后春笋般生长出来，"活"的心灵产生"活"的艺术。

思想的高度，事业的开阔度

10年转瞬即逝，这段既不短但也不算很长的时间，给康洁带来了太多的挑战，也留下了太多的惊喜与感动。10年间，达达鱼从仅有一间30平方米小教室的"作坊"变成了如今有120平方米教室的成熟教育机构，学生人数也从最开始的10人增长至鼎盛时期的120人。其间达达鱼经历过两次扩张，每一次扩张都既意味着公

司有了新的发展，也意味着康洁的视野和胸怀更加宽广。扩张意味着更大的责任和更多未知的风险，有时遇到场地强制搬迁，扩张的决策需要在很短的时间内做出。但是在两次扩张中，康洁都凭借着自己的智慧、勇气和对教育的信念完美完成了，每一次完成扩张之后就能够在更大的场地给更多的孩子提供更好的教学资源。虽然这种扩张使自己更加忙碌了，但是康洁觉得十分值得，而且乐在其中。

如今展望前路，康洁又将面临新一轮的扩张挑战，这一次扩张将会带来不小的获客压力，需要她在绘制发展蓝图时，在商业化和教育初心之间找到精妙的平衡。踌躇之际，她又回想起了中国美术学院对她的培养和她的创业初心。她希望成为一个真正做儿童教育的人，而不是一个做儿童教育的商人。在"迎合市场"的洪流中，康洁敢于停下来想一想，目前社会所需求的美术教育是不是对的，自己坚持的东西是不是正确的少数。这是事业的考题，也是心灵的考题。只有敢于面对自己的内心，方能在事业上做出非凡的成绩。

对于希望进行创新创业的中国美院学子，康洁建议他们珍惜大学时期的机会，好好学习、多多实践。回首往事，每一次"尽人事"的努力都会变成日后"天命"的眷顾。就康洁自身而言，硕士阶段的学术钻研让她在设计课程时对材料有更深刻的理解，中国美院勤勉的学习风气让她和她的团队能够保持终身学习的动力，不断精进艺术素养，恩师的谆谆教诲为她春风化雨的教育理念奠定了思想基调，支教的经历为她打造公益游学项目埋下了火种。等到真正走上创业之路，中国美术学院的"双创"教育服务体系及济济一堂的创业前辈，也会无私地给予他们最真诚的帮助。

但行好事，莫问前程。珍惜每一秒钟，去感受、去创造，无论成功还是失败。哪怕星夜黯淡，命运抛过来的是一摊摊苦水，也要做一个不怕吃苦的人，在心里把苦化成丝丝缕缕的甜，相信总有守得云开见月明的一天。曾经的达达鱼蹒跚学步，走过阡陌万千，如今也成了无数长大了的孩子心中永远的"白月光"。

张 迪

从小鸡啄米到百鸟朝凤

毕业于中国美术学院跨媒体艺术学院
曾服役于中国人民解放军 69246 部队，荣立三等功一次
杭州小鸡啄米文化创意有限公司创始人
广泛参与多项城市创意媒体设计项目的研发与实践

　　杭州小鸡啄米文化创意有限公司总部依山傍水，推开公司大门，映入眼底的便是潺潺的流水、两畔的群山及无限开阔的天空。这是一个孵化出无数艺术与灵感的宝地，也是凤凰涅槃、展翅高飞的起点。

　　自 2015 年成立以来，杭州小鸡啄米文化创意有限公司已帮助多家企业解决了痛点问题，并以非标准化创意、非凡理念与视觉实现、跨媒体阵列集成等，在业界赢得了"企业短视频营销智囊团"的称号。这个团队为何能在竞争如此激烈的行业中取得这样突出的成绩？为了得到答案，我们采访了这个创意团队的核心成员——张迪，希望他能告诉我们那些独特的文化与创意背后的秘密。

寻找自身的独特性

　　谈及创业的源头，张迪十分感谢他在中国美术学院就读研究生的经历，更在创业的过程中深刻地意识到了这一段经历给他带来的深远影响。他说："中国美术学院所带来的不只是它本身的品牌背书，更多的是知识的背书。"张迪认为，中国美术学院有着独特的教育体系，"教会你找到自己的独特之处"。

　　张迪告诉我们，不管是做影像、做装置还是做展厅，都只是媒介手法，真正的核心其实是对自身价值观和世界观的描述与表达。而中国美术学院教给学生的正是如何塑造自身的世界观与价值观，以及如何平衡自我表达与外在条件间的关系。简而言之，寻找自身的独特性，发现"什么与你自己有关"，是中国美术学院教育体系的核心。

　　为了帮助我们更加直观地了解中国美术学院的教育体系，张迪给我们举了个例子：在学习制作装置时，老师会提醒大家要注意装置的空间，思考个人应该在空间中的哪个位置，占多大体量，引导大家思考：树林里有一千片树叶，而你为什么选择这一片？在这样的过程中，学生们学会了如何分析问题和解决问题，如何在受限的条件中既平衡好各方需求，又凸显出创意。

　　正是这些学习经历，为张迪的创业做好了思想上的准备。张迪笑说，或许其他专业的学生是通过马克思主义哲学学会这一点的，我们却是通过做装置学会的。又如绘画，同一个老师教授下的同学最开始画出来的作品可能大同小异，而在基本素养基础上进行个性化创作后，大家再画出来的作品就变得千差万别。通过不断的训练为学生打下扎实的基本功的同时，注意培养学生的个性，挖掘那个独一无二的"我"，这就是中国美术学院的教育理念。正是这样的教育理念奠定了张迪与其创业团队后来的创作风格。

　　张迪与他的创业团队的作品风格是反好莱坞大片影像风格的，所追求的并非高清画质和特效，"最重要的是你自己，你所要创作的作品与你自身的关系是最重要的"。例如拍摄《射雕英雄传》，有人或许会聚焦在对故事的描述上，又或是如何才能凸显郭靖与黄蓉的关系，但如果让张迪来拍摄的话，他会去寻找《射雕英雄传》与自己的关联性，并从自己的角度进行个人再创作，将"我"的理解浓缩到影片中去。作品不光要有景、有物、有美，更要有"我"的创造，这正是独创性的来源。

张迪告诉我们，创作是一个叙事的过程，要发现问题、提出问题，然后解决问题，追求的不应只是和谐或者美观，还要在和谐的基础上凸显独创性，最终的作品不只是美的，更是直击灵魂的。正是遵循着这样的理念，张迪踏上了创业之路。

2011 年，几位做服装的老板合伙开了一家时尚餐厅，他们准备大干一场，计划用 5 万元经费做一个宣传片。一个朋友把这个项目介绍给了张迪。当时张迪的团队只有 3 个人，仅是前期打磨方案就花费了 1 个月的时间，方案最终确定下来的时候，思维导图、手绘分镜、阐释、脚本等一应俱全，每一个细节都经过了细致分析、反复演练，而最终的成品只是一个 3 分钟的微电影。那几位老板看到张迪交给他们的最终成片时，十分震惊："这才花了 5 万块钱吗？这个片子真的是 5 万块钱做出来的吗？"老板们不敢相信，在得到肯定的回复后十分激动，把公司所有员工都召集起来听张迪团队讲述脚本，甚至借机给员工们上了一堂管理课。

说到这里，张迪和我们都笑了起来，其实那时他们并不是专业做影视的团队，也没有拍过宣传广告片，甚至没有接受过系统的灯光、镜头语言表达等影视专业技巧的训练。他们只是在细致地打磨方案的过程中，对项目需求进行深入分析，从而量身打造出具有独创性的作品。就这样，张迪赚到了创业路上的第一桶金，开启了他的创业旅程。

寻找自身的独特性，这是中国美术学院带给张迪的最大收获，也是张迪在创业之旅中始终坚持的方向。

扎根文化，精雕细琢

"我们做每一个项目，都会从它的文化入手，深挖它背后的文化内涵，依托其文化内涵进行方案设计。"张迪向我们阐释他的创作理念。随着一个又一个项目的积累，张迪与其团队的业务也逐渐扩展，项目遍及美丽乡村、文化展厅、多媒体展示、剧场等各种主题，而每一个项目都很好地展现了张迪团队的创作理念，同时这一份坚持也为他们赢得了合作方的信赖。

张迪团队曾经接手了一个较大的项目，是对一个矿区进行形象改造和提升，方案的各个细节基本上都确定下来了，只有企业标志字体的设计方案怎么也得不到矿区领导的同意，他们总是觉得不够好看。遇到这样的情况，大多数人可能都会选择尊重甲方的意见重新设计方案，但张迪的团队并没有采取这样的做法，他们相信自己的审美和判断，于是做了另一件事。

他们将这家公司的所有网站、微信公众号、厂区乃至于包裹上的字体做了整体的梳理，一层层分析其中存在的问题，并向甲方讲解关于字体的知识，说明字体在不同领域的不同运用，从企业文化和字体文化出发，论证为什么他们使用了现在这样的字体。甲方最终被他们说服了。而这种字体因为非常契合这家公司的企业文化，最终呈现出的效果非常好，甲方也非常满意，并且把后续的工作主导权完全交给了张迪团队，要求公司员工无条件配合他们的工作。小小的一个字体，其背后是团队1个多月的打磨和上百页的PPT，正因如此，张迪和他的团队才最终获得了甲方的认可和信任。

有了第一次合作的良好基础，后来这个矿区需要开展绿色矿山项目的时候，顺理成章地再次找到了张迪团队。这次是要做一个全生命周期矿山的规划设计。矿山是有寿命的，在经过10年、20年的开采后，矿山就会荒废，往往这个时候人们才开始

绿色矿山项目

绿色矿山项目

整顿生态环境，而这个项目的目标就是将保护生态环境的步骤提前，在开矿之前就先规划好 10 年甚至 20 年之后的矿山改造方案。张迪团队结合矿山周边地区未来的发展及当地的商业规划进行了设计。

张迪了解到，在内蒙古地区有一处老矿山，是中国最早的一批岩石矿之一，那里有很多废弃的老设备，于是张迪团队就依托于此，结合周边的环境，把这个矿山改造成了一个工业遗址博物馆。这个项目的成果远远领先于全国的绿色矿山标准，后来成了内蒙古自治区绿色矿山的典型项目，被立为绿色矿山的标杆。原本矿区只是要进行一个常规的形象提升，但项目成果却大大提升了它的文化竞争力，后来甚至成为该公司的核心竞争力之一。

还有一个让张迪印象深刻的项目。那是杭州南宋皇城小镇中一处近 500 平方米的空置房屋改造项目，甲方原意是将其改建为一个小镇客厅，建造沙盘介绍小镇的前世今生，再设置一个游客服务中心。张迪接手这个项目后，推翻了甲方的思路，提出将其建设为一个对公众开放的公共空间。

结合小镇"南宋皇城"的文化概念，张迪充分利用其优越的地理位置，提出了

南宋书房项目

"古代皇帝会客厅"的创意,经过反复设计,在古韵与现代化中寻找平衡,最后将这处空置房屋改造为一个5G时代的御书房,这样的设计既增加了便民性和趣味性,也十分契合小镇的主题。这就是现在的南宋书房。

扎根文化,精雕细琢,这是张迪团队的创作风格。不同于大批量、流水线式的生产,张迪团队会针对每一个项目、每一个客户进行深入调研,全方位地挖掘和了解客户的文化与诉求,为客户量身打造方案,不只为设计而设计,而是进行文化上的梳理,再小的设计细节,都建立在研究透文化内涵的基础上,最终形成最适配的方案。

栉风沐雨,百鸟朝凤

"小鸡啄米"这个公司名,出自周星驰的电影《唐伯虎点秋香》,电影中唐伯虎原本的名画是《百鸟朝凤图》,后来有人冒充唐伯虎,别人让他画《百鸟朝凤图》,他却画了《小鸡啄米图》。张迪笑着说:"我们也是这样,想要百鸟朝凤,但现在

"印象玫瑰"项目

还只是'小鸡啄米'。"顿了顿他又笑道，"或许会有百鸟朝凤的那一天吧。"他的话语中流露出自信和期望。事实上，张迪的创业历程也如凤凰一般，栉风沐雨，历经挫折，浴火涅槃，终有一天将翱翔九天，百鸟朝凤。

2013 年的"遇见大运河"项目应该算是张迪在创业历程中最难忘的一次经历。这个项目是为京杭大运河申请列入《世界遗产名录》（简称"申遗"）排演戏剧，参演人员是 2008 年北京奥运会原班人马，规格很高。张迪在这个项目组中负责制片工作，主要负责舞美的多媒体全息背景部分。那是一个大型舞蹈，舞蹈团队已经经过了三年排练，原本计划与好莱坞团队合作，但谈了两年多的时间，合作没能顺利达成，因此张迪接手这个项目时只剩下半年时间了。

时间紧、任务重，而且在 2013 年，很多技术尚不成熟，也没有可参考的案例，一切都只能自己摸索，"我们没有人做过这个，但是知道自己能做，从创意出发，从文化出发，就能解决问题"。

虽然面临重重困难，张迪却很自信。他和团队成员先是挖掘文化内涵，发现创意点，集中力量、抓紧时间做出方案；紧接着就是三个月的无间隙拍摄，其间为了能在现有技术的基础上达成最佳的三维特效，张迪想尽了各种办法，甚至一个镜头都得重复无数次；之后两个月与舞蹈团队对接，所有的背景布置都需要配合舞蹈演员的时间进行调整，最紧张的时候张迪团队一天只能睡三个小时；最后一个月正式排练的时候又发现了不少问题，张迪和团队又近乎日夜不休地连轴转了一个月。

连续半年时间里，张迪和团队成员顶着极大的精神压力，扛住了高强度的体力要求，项目结束后，张迪足足休息了半年才缓过劲来。虽然付出了很多，但张迪和团队在其中得到的锻炼和成长也是巨大的。

创业路上，张迪与他的团队还遇上了商业化和管理的难题。针对每一个项目深挖文化内涵，精雕细琢，这样的创作理念保证了作品的独创性和精品率，却难以复制和推广，也就必然会影响到其商业化的进程。

另外，在最初创建团队时，张迪的团队成员都毕业于中国美术学院，当时在进行团队分工时，他只从技术角度进行了前期、后期、设计、动画等职位分工，本以为已经足够完善了，但等到真正进入市场后才发现，团队

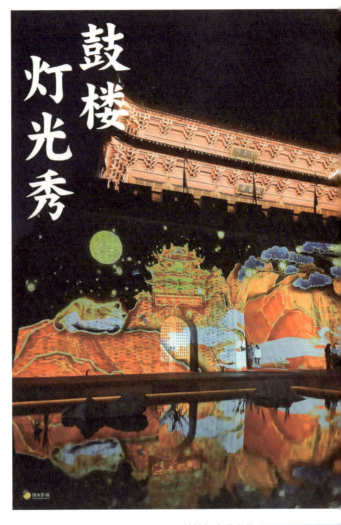

鼓楼灯光秀项目

在营销、商务、管理等诸多方面都有所欠缺。当时最严重的问题是他们没有专门的商务管理负责人，所有商务工作都由技术人员分担。整个团体在技术方面水平很高，在商务方面的能力却不怎么样，从而导致他们虽然开发出了好的产品，也获得了很高的美誉度，却难以突破固有领域的限制，无法将多媒体、影视、雕塑、装饰、美丽乡村等方面众多的好案例进行体系化推广。

认识到这些问题后，张迪一方面开始进修管理学方面的课程，另一方面逐渐将公司的发展重心集中在多媒体展厅方向。经过多次人员变动和重构，现在的小鸡啄

米文化创意有限公司虽然总体上依旧采取扁平化的管理模式，但已经在逐渐精进了，员工在这里能够获得充分的发展机会与成长空间，可以更大限度地发挥自身的创造力，不断提升项目质量。

从张迪创业启程到如今也有约 10 年的征程，张迪与他的团队从中国美术学院的沃土走出，遵循着林风眠先生提出的"先求异再求美"的理念，坚持从自己出发，寻找自身的独特性，用心对待每一个项目，对每个项目都精雕细琢，做好文化梳理，从经典中寻找突破，从文化根脉中寻找灵感，深度挖掘客户的诉求，为客户量身定制方案，一路上历经了无数艰辛，也有过很多迷茫，但大家始终秉持着中国美院人的自豪感，克服种种困难，栉风沐雨，锐意进取，如同小鸡啄米一样点滴积累，缓慢攀升。

采访结束时，凤凰创意大厦上空聚集的云层散去，天朗气清。相信会有一日，小鸡啄米，化为百鸟朝凤，翱翔九天。

刘晖阳

IMPLEMENT
& INNOVATION

毕业于中国美术学院书法系（现为书法学院）
师从沈乐平教授
浙江省书法家协会会员、浙江省女书法家协会会员
获浙江省书法家协会"篆书百家"称号
获"万印楼当代国际篆刻精英"称号

方寸里的大世界

　　在人们的眼里，通常印章只是文人专用的实用器物，或用于作品署名，或用于文件签署。然而，五雲山房的印章除了是私人名章之外，还有着多重功能：案头摆件、手把玩物、配饰、挂件、礼品……不一而足。这些有着多重功能的印章同时也有着多样的形态，或精巧，或雅趣，或厚重，或轻灵，每一方都直击人心。此外，五雲山房还让这个文人专用的器物变成了普通人也一样喜爱并值得拥有的美学好物。一个小小方寸之物，如何能容下如此丰富的内蕴？而赋予它如此丰富内蕴的人，又有着怎样的风貌？就让我们走进五雲山房一探究竟吧。

部分印章展示

一家雅致灵动的店

　　五雲山房是中国美术学院毕业生刘颀与刘晖阳夫妻俩创建的工作室。这是一个藏身在都市中的安静空间，被包裹在开阔的自然风光里，仿佛过滤了尘世的烦恼与急躁，只剩下最纯粹的美好与自在，置身其中，仿若身处桃源。

　　"云栖竹径，五云山旁。"早在美院求学时，喜欢爬山的刘颀就常常造访五云山，因为太喜爱这里的景致，还给自己起了"五云山人"的斋号。冥冥之中，命运的轮盘开始转动，刘颀与这座山结下的缘分，在未来被无限放大。

　　当刘颀走上创业的道路后，"五雲山房"自然而然地成了他工作室的名称。这个名称既朗朗上口，让人听过就能记住，又因为和五云山联系在一起，自带一股飘飘如仙的雅致气息。在这里诞生的作品，也和这个名称一样，雅致灵动，让人见之难忘。

　　五雲山房的每一方印章都是刘颀和刘晖阳用才华和汗水凝结出的匠心之作。从挑选原石开始，五雲山房的作品都进行严格的审美把控。为了挑选到合适的材料，刘颀和刘晖阳还制定了一套专门的标准。在作品制作过程中，刘颀和刘晖阳更是事无巨细，对每一件作品都经过了反复思量，精雕细琢。印章底部的篆刻都是由刘晖阳本人操刀完成，甚至后期的标纽也经常是由刘颀和刘晖阳亲自设计好纹样和样式后再请标刻师帮忙完成，而不是简单地采用流水线上的既有样式。

他们的这份用心还延展到了作品后期的配件及包装、礼盒的制作上，这种力求完美的艺术精神让人赞叹。更可贵的是，在投入了大量时间和精力制作出成品以后，他们还会结合客户的反馈意见和市场反应，对作品进行反复打磨，精益求精，多次迭代，让作品的艺术生命力尽可能地延长。

对于五雲山房的主打作品印章来说，刘颀和刘晖阳为印章付出的心力肯定是最多的。对于印章之外的其他作品，他们也是同样用心，于细微之处见真章。例如，用金墨在一张细长的藏蓝色绢帛上书写禅师格言，这样的一幅书法作品本身并不算出奇，但是要想让客户一眼就被吸引住，那就需要细心琢磨作品每一处的细微变化，把最接近完美的效果呈现出来。

在外行人看来，一件作品的第一版、第二版、第三版可能没有什么区别，看上去都差不多，实际上，五雲山房打造的书法作品，画框是做成圆角还是直角、要不要用玻璃罩上等等问题，都是经过刘颀和刘晖阳多次换位思考与对比试验后的选择。经过对比试验后，刘颀和

工作室一角

刘晖阳发现，如果隔着一层玻璃，灯光打在蓝绢金墨上的效果就没有那么突出，因此他们最终决定舍弃玻璃罩，只保留画框，以保证最完美的视觉效果。

同样的设计方案还被迁移到了其他场景中，例如用于拍照留念的插画，为了避免拍照时反光，他们就使用了不带玻璃罩的画框，并且为了防止刮伤墙面，他们还在画框背面加上了一层绒布。就是这些一点一滴下在细微之处的功夫，让五雲山房的每一件作品都能轻轻地击中客户的心，帮助刘顾和刘晖阳赢得了客户的信赖与尊敬，赢得了行业口碑。

印章其实是一个非常私人化，并且带有强烈个人属性的东西，把它作为创业的载体，难度是相当大的。如何把极具个性的物品推向大众，并且让大众能够喜爱甚至欣赏，是摆在刘顾和刘晖阳面前最大的问题。

刘顾和刘晖阳，一个出身书法专业，一个出身国画专业，两个人都具有很高的中国传统文化素养。他们对于印章的认知，除了个人属性，还有积淀了数千年的文

方寸之美

化底蕴。个性不能推广，文化却可以。于是，五雲山房出品的印章和传统成品篆刻行业的产品相比，不再只是一个随意放在普通盒子里的附有印花样纸的简单方章，而是加入了更多审美价值的案头玩物、美学好物。

这是刘颀和刘晖阳经过百千次实践后摸索出来的差异化优势，他们把印章从文人专用的"实用器物"拓展成为普罗大众都能拥有并且能切身体会到的"美"。一旦唤起普通人"追求美"的情绪，印章似乎就从一方冷冰冰的石头变成了一条鲜活美好的生命，把整个市场都盘活了。

这种拓展源于刘颀和刘晖阳在日常生活中对美的感受。看着雕刻好的作品，刘颀常常感叹："一块印章不应该仅在作品完成以后盖一下就了事，它还能有更多的作用和价值，比如作为一个配饰，或者作为一件可以放在案头把玩的器物。"闲置是对美好事物的浪费甚至亵渎。

在这种观念的引领下，刘颀和刘晖阳把印章定位为"具有艺术性和文化底蕴的器物"。他们还认为，石头不像其他东西一样有保质期，它是一种可以一直流传下去的物件，本身就具有很高的价值，尤其是石材作为一种不可再生的矿物资源，随着时间的流逝会越来越稀少，也就越来越珍贵，因此，以各种石材为载体的印章，在文化价值之外，还有着很高的收藏价值。这也是刘颀和刘晖阳从挑选原石到设计造型直至印面雕刻都花费了很多功夫和心思的原因。

可以说，艺术、文化、收藏三种价值的叠加融合，最终造就了五雲山房的印章。一双慧眼发现价值，一双妙手实现价值，创业者想要成就一番事业，这两点是关键。而在印章篆刻领域，刘颀与刘晖阳牢牢地抓住了这两个关键点，并将其发挥到了极致。

一方慧心巧思的印

　　"其实在刚开始创业的时候，我们也和大多数人一样，选择了一个看起来相对安全和稳妥的方向。"创业之初，基于两人的原生专业——书法和国画，刘颀与刘晖阳选择了少儿书法和国画的教育培训这个大多数国学类专业毕业生会选择的领域。和小朋友的交流过程虽然也十分愉快，两人却总觉得少了些什么。后来他们发现，不少家长都很喜欢他们自己创作的那些用来展示的作品，常常驻足欣赏，看到特别喜爱的作品甚至会买回家收藏。这个发现让刘颀和刘晖阳既欣慰又欣喜。让他们欣慰的是自己多年来的创作得到了认可，让他们欣喜的是他们似乎看到了另一条可以实现心中梦想的路。

　　刘颀与刘晖阳研习了多年的书法和国画，平时的志趣也多和中国传统文化相关，成为独立艺术家，是他们藏在内心的真正愿望。既然看到了实现愿望的可能，那么就要全力以赴地向着这个目标去努力。深思熟虑之后，他们开始慢慢地从少儿教育培训向印章篆刻行业转型。

　　在现代社会，印章篆刻其实是一个非常小众的行业，如何在小众行业里走出大众化的路子，是破局的关键。

　　在普通人的思维里，印章就是文人用于自己作品的身份标识，虽然可能呈现出一定的艺术性，也有一定的美学价值，但说到底也只能在特定场景下使用，局限性非常大。刘颀和刘晖阳却另辟蹊径，心生巧思，把印章纳入文化和美学范畴，打破了这个局限。

　　印章是中国传统文化的代表之一，在我国的历史可以追溯到周朝，它凝聚着中华民族数千年的文化积淀。明清时期，文人篆刻兴盛，印章的美学价值开始被挖掘出来。但可惜的是，到了现代，印章之美逐渐被人们遗忘。重新发掘印章之美，并赋予它契合于现代社会的新的意义，是刘颀与刘晖阳给五雲山房印章的定位。因此，五雲山房的印章不再局限于文房用品，刘颀和刘晖阳充分发挥想象力，精心设计与制作，把它们变成了摆件、手玩、私人珍藏、寿礼、伴手礼，甚至是配饰、挂件等充满奇思妙想的现代创新型印章。

　　作品开发出来以后如何打开市场？作为从中国美术学院走出来的学子，刘颀和刘晖阳最先想到的便是利用母校的资源，于是，两人去了中国美术学院的南山艺市，并在这里拿到了他们的第一笔订单。从这方小小天地开始，工作室不断汲取养分，抽条生长，逐渐将枝叶伸展到更广阔的空间中。

有了一定的基础之后，进一步开拓渠道的问题又摆在了刘颀和刘晖阳面前。这次，他们选择了充分利用互联网的力量，以五雲山房工作室的身份在小红书上发布了展现印章之美以及现代创新型印章风貌的照片和视频。在看到这些照片和视频之前，很多人对印章的印象还停留在一种只能用在书画作品上的文房用品；看到这些照片和视频之后，他们才意识到，原来印章是这样美，原来印章还可以适用于这么多场景。于是，开始有散客通过网络订购五雲山房的印章；渐渐地，网络订单逐渐增多。发展到如今，五雲山房的主要客户已经从散客变成了一些家喻户晓的大企业，订购量也大幅增加。

在与各种客户沟通交流的过程中，刘颀和刘晖阳发掘出了印章的更多元化的用途。可以说，五雲山房和客户是相互成就的，客户敢想，五雲山房敢做，来来回回地打磨，便在荒野中

印章场景多元化开发

部分定制印章展示

开辟出了一条前无古人的精彩道路。

例如将印章作为旗袍的压襟，这个绝妙的点子便来自客户。有一对新人在为自己的伴娘选择伴手礼时，偶然间看到五雲山房的推广小视频，想到伴娘的礼服是旗袍，他们灵光一闪：要是用刻有伴娘名字的印章做旗袍的压襟，一定非常独特，而且很有纪念意义。五雲山房接下了这个乍一看有些奇怪的订单，然后大获成功。这对新人十分满意这份定制的伴手礼，刘颀和刘晖阳也借由这次经历打开了新的视角，并且对印章有了更深刻的理解。

印章的私人定制属性，是它受追捧的一个原因。由于它的原材料是纯天然的石材，因此每一枚印章都不可复制，刻上了自己名字的印章，就相当于是独属于自己的孤品。这种"拥有"的感觉对很多人来说都具有极大的诱惑力。

沿着这个思路，刘颀和刘晖阳更清楚地认识到自己作品的价值所在，也对自己的事业更有信心了。

一段相互成就的缘

刘颀和刘晖阳分别来自山东省和福建省，在中国美术学院的求学时间也是错开的，在校期间两人并没有产生交集。但缘分有时候就是这样妙不可言。书法和国画原本就不分家，加上两人都爱好中国传统文化，相识后，两人之间有很多的共同话题，于是一拍即合，决定一起创业。

刘晖阳性格要强，有点完美主义，而刘颀相对来说则比较随性，两个人的性格十分互补，相处起来可以说是"如切如磋，如琢如磨"。用刘颀自己的话来说，他是一个只要手里有钱就不太想工作的人，而且他觉得艺术家都是这样，只要饿不死，那么专心创作自己理想中的作品就可以了。然而刘晖阳见不得这样的懒散和随意。因此创业初始，二人之间产生过许多矛盾，有过很多争吵。但两人的最终目的都是把工作室做起来，对于在争吵中暴露出来的问题，事后也都能冷静思考，并心平气和地接受对的意见。

在这个过程中，刘颀变得"接地气"了，现在也能在赚钱这件事情上收获满满的成就感，生活的幸福感变得更加多元，同时刘晖阳也被刘颀的随性所影响，学会了在追求完美的同时适当地放慢节奏，静下心来去更深刻地体会艺术的美，自己也获得了更加厚实的积淀。

正是因为有刘晖阳的高标准，五雲山房才能对作品精益

丝润锦盒
根据印石尺寸色系搭配
编绳可加
保养油来入镜

刻好的印章

扬锻底座

民国老纸小楷题签
书写内容可定制

连史派珍盖印花
真实还原篆刻效果

印章及印章礼盒展示

求精，让客户赞叹不已；但是过盈则亏，一直保持高强度的工作状态也容易让人感到疲惫，紧张的头脑很难做出具有创造力的作品，这时候刘顾的随性就发挥了调节作用。这种由性格互补带来的张弛有度，既促进了他们的事业发展，也帮助他们成为更好的自己。

举办订婚仪式时，刘顾和刘晖阳设计了一款刻印有两人姓名的专用印章，珍重地盖在了婚书之上，这既是他们对彼此一生的承诺，也是他们对共同的事业的承诺。如今二人喜结连理，印章的这种用途也被许多客户一眼相中，纷纷下单，为五雲山房增加了不少业绩。

一起创业、一起生活，相互扶持、相互成就，彼此间的磨合就跟打磨石料一样，从最初的粗粝逐渐变得柔和、莹润，情感也在其中慢慢生长出了枝丫，继而长成大树并结出了硕果。

一个发扬国粹的愿

严格说起来，五雲山房工作室起步只有两年时间，但是它的发展速度大大超出了刘顾和刘晖阳二人的设想。这对他们来说算是一个意外之喜，也让他们更加坚定了接下来要走的路。

作为中国传统文化的学习者和践行者，刘颀和刘晖阳对传统艺术的传播与传承有着义不容辞的使命感，也愿意为推广和普及国画、书法和篆刻等传统文化艺术奉献自己的力量。

他们对中国传统文化的复兴充满信心。他们坚信，对传统文化的审美已经深深刻入中国人的文化基因，在现代文化的冲击下，传统之美可能会被忽视和遗忘，但永远不会被丢下。近年来，国家对传统文化越来越重视，出台了很多促进传统文化复兴的政策，比如杭州就已经在开展倡导传统文化走进中小学校园的活动，这也成为他们创业的历史机遇。

此外，刘颀和刘晖阳还注意到，海外侨胞对传统文化艺术品的需求也日益旺盛。"现在国外很多华人也非常喜欢印章这类的东西，因为最早一批出国的华人目前正处于一个文化断层时期，他们需要一个文化的载体。"刘晖阳说。

能把爱好和专业结合起来做一些自己既喜欢又有益于社会的事情，刘颀和刘晖阳觉得他们获得了一种更高层次的幸福，这也是他们对母校和社会的感恩与回馈。他们乐此不疲，勇往前行。

刘 杰

光影之间的真实与自我

毕业于中国美术学院影视与动画艺术学院摄影系
美澍文化创始人
致力于打造更优秀、更有品位的影视摄影作品

始于摄影的"炫酷"创业路

在 2009 年，也就是刘杰高中毕业考大学的这一年，中国美术学院还未采取入学后再进行专业分流的规则，因此考生需要在填写高考志愿时就选定自己日后就读的专业。这个时候的选择几乎纯凭个人志趣，存在着奇妙的"命定感"。

刘杰选择摄影专业的命运契机是他的美术启蒙老师。这位老师在绘画之余常常拿着相机四处捕捉影像，在彼时年纪尚小的刘杰眼里，这是"酷毙了"的事情。于是，在选择大学专业时，他被这冥冥之中的吸引力驱使，走上了摄影之路，并以此为起点，书写了自己之后十余年的人生故事。

刘杰本科时期的求学经历并不轻松，充满了挑战。每一位从艺考中突围，考上中国美术学院的学子无疑在绘画方面都各具优势，可是当大家同处于中国美术学院之中时，原有

部分器材展示

的优势就变得平平无奇了。要想创造新的精彩，就需要挖掘自己的独特之处。

刘杰天生是一个爱折腾的人，他渴求上进，希望能充分挖掘出自己的潜能和志趣，充分发挥生命的价值。从初入校园的那一刻起，刘杰就开始发力，在校四年间，从美术到摄影，再从摄影到影视，他顺着自己的志趣，探索着自己的潜能底线，最后完成了属于自己的蜕变。付出总会有回报，毕业时，刘杰已经成为一个掌握绘画、摄影和影视制作等多项技能的青年人才，创业的火种也在此时悄然埋下。

刘杰的毕业设计需要租赁许多专业器材，在地铁和网约车尚不发达的 2013 年，从杭州市中心扛着沉重的摄影器材回到中国美术学院象山校区，无疑是一个严峻的挑战，刘杰却从其中看到了摄影设备租赁的商机。毕业后刘杰并没有把全部精力都投入创业中，而是选择了先就业，再利用业余时间与好友一起开办了一间小小的工作室，大家一起凑了 10 万元钱购入了轨道、灯光等基础摄影设备，出租给有需要的中国美术学院学生使用。

刘杰的商业眼光非常独到，在摄影和影视制作类专业逐渐热门之际，他选择出租摄影器材，就像当年美国的"淘金热"时，有人选择独辟蹊径向淘金者们出售淘金工具一样。由于中国美术学院学生的日常拍摄任务极多，器材租赁需求旺盛，小工作室的业务逐渐红火起来。刘杰负责处理工作室的绝大部分日常事务，在这个过程中逐渐成长为能够独当一面的创业者。

他用一双追求卓越的手　　　　　　　　　　　　　　他用淡雅高洁的手

技能大师宣传片截图

工作室发展到第二个年头，日常业务与刘杰的正式工作之间产生了难以调和的冲突，一个选择出现在刘杰的面前：是否要放弃工作，全身心投入创业？那时他的正式工作是出版社的数字编辑，在旁人看来这份工作十分稳定且发展前景良好。刘杰觉得，创业虽然具有极大的不稳定性，但可以让人获得不一样的成就感，更能充分发挥出自我价值。此外，已组建小家庭的他也希望能创造更多的财富，和家人过上更好的生活。在内因和外因的双重驱动下，刘杰最终下定决心辞去了出版社的工作，开始全心全意地开拓自己的事业版图。

与中国美术学院相互守望的公司成长史

随着业务的逐步扩展，刘杰的小工作室慢慢成长为一家成熟的公司。刘杰为自己的文化创意公司起名为"美澍"，这个名字既是"美术"的谐音，又包含了中国美术学院知名校友王澍的名字，彰显了中国美术学院人大胆创新、追求艺术的精神内核。自成立起，杭州美澍文化创意有限公司就致力于为社会提供更优秀、更有品位的影视摄影作品。

刘杰公司的第一单影视制作业务与母校中国美术学院有着深刻的关联。那是一档军训的纪录片，已经毕业的刘杰扛着器材，怀揣着创业的热情再次回到校园，在早上6点新生开始军训之前就架好器材，记录他们流下的每一滴汗水。在迷彩帽檐投下的阴影中，新生们青涩又坚定的眼神闪闪发光，透露出从艺考路上杀出重围的骄傲和自信，透露出对未来之路的万分豪情。在拍摄过程中，刘杰仿佛也回到了自己初入中国美术学院的青葱时光。虽然早起拍摄十分辛苦，但也让他想做出一番事业、活出精彩人生的信念更加坚定。

他将这份信念揉进了作品，用有血、有肉、有情怀的短片交出了优秀的答卷。在这之后，刘杰的公司成了中国美术学院拍摄军训宣传片的固定合作对象。在刘杰心里，每一年军训宣传片的拍摄都像一次擦亮初心的仪式，既是他与母校情缘的延续，也是他不断开拓创业道路的信念支撑。

每年的3月至5月都是中国美术学院应届毕业生忙着准备毕业作品的时节，毕业生们都需要租赁大量的摄影器材，很多人都选择了从刘杰的公司里租赁器材，刘杰也常常参与到现场的拍摄当中。摄影创作十分辛苦，刘杰常常目睹瘦弱的女学生起早贪黑，拿着好几台沉重的器材四处奔走、反复尝试，只为了达到更好的视觉效果，让作品能更好地呈现自己的创作理念。他一边心疼年轻人的辛苦，一边又十分欣慰，因为在这些学生的身上，他常常能看到自己的影子。

这种对艺术的坚持和拼搏进取、精益求精的精神，如同一根无形的线，把一代代国美学子串联了起来，放眼望去，流光溢彩。

中国美术学院不仅为学子们提供了成长、成才的平台，也对选择创业的学子扶持有加，除了老师们经常热情地为刚起步的工作室介绍业务以外，学校还开办了一系列创业课程，将志同道合的年轻人聚集起来，一边向他们传授与创业相关的知识，一边给他们提供相互交流和合作的机会。有了学校的加持，走出去的美院学子逐渐在杭州地区打下了一片天地，树立起了良好的行业口碑，并源源不断地创造着艺术之花。在网剧受到人们追捧、影视制作行业逐渐兴起的今天，除了传统的香港、北京等影视制作基地，杭州转塘也凭借其"硬核"实力成了一些影视公司的取景地，并产出了不少知名的影视作品。这样的奇迹，既离不开中国美术学院老师的悉心布局与栽培，也离不开中国美术学院学子奋发不息的努力。

创业在许多人眼中都是一件辛苦的事，作为创业团队主心骨的核心成员会更加辛苦，因为他们需要随时待命，需要肩负起应对一切挑战的责任，同时还需要长期保持高昂的情绪，成为其他成员的心灵引路人。

但是刘杰并不觉得创业是一件很辛苦的事，他没有系统地学习过管理学，却仿佛天生拥有出色的项目管理思维，任何项目到了他手上，他都能做到对业务的关键节点心中有数，让各个环节有序推进，应该完成的工作在合适的时间点总是能自然而然地完成，虽然其间偶尔也会出现"救火式"的波澜起伏，但也会很快被解决掉。

刘杰的团队成员自驱力都很强，再加上刘杰在大局上的运筹帷幄，大家在各个环节上的配合都非常默契，高效地制订出素材拍摄计划，充分做好拍摄前的准备并提前在拍摄地点架好摄像机，拍回来很棒的素材，再制作出高质量的作品。这种健康的、结果导向的氛围使整个工作室呈现出一种向上的蓬勃生机。

艺术的真实，震颤的心灵

创业需要人做出大量的决策和行动，而人的行动本质上是由价值观念决定的。

 作品截图

笔法是指根据不同表现对象 使用笔的不同用法
The stroke method refers to the texture effect left by the brush tip,

在中国美术学院的求学经历形塑了刘杰的价值观，包括对艺术的审美和对人生的看法。这种影响如春风化雨，不仅体现在日常工作中，还体现在刘杰对公司未来战略发展方向的规划中。

刘杰的本科毕业作品是一个关于农村孤寡老人生存现状的纪录片，当时他去了贵州省的一个山村进行拍摄。虽然在当地的拍摄时间很短，但是他为村子里一多半的老人都留下了独特的人物影像。这个山村的人均年收入只有 1000 元左右，村子里几乎见不到青壮年，老人们的生活条件十分艰苦，作为一名学生，刘杰能做的，只有尽可能真实地记录下他们当时的生存状态。刘杰相信，"真实"本身就具有强大的力量，比精心设计的说教和引导更能触动人们的心灵。他希望这种真实能产生影响力，可以唤起更多的资源来改善这些老人的生活条件。

受到这次拍摄经历的触动，刘杰和朋友一起资助了一位偏远山区的女孩读书，承担了她从中学到大学期间的生活费用。钱虽然不算多，贵在从未停歇，近 10 年的稳定资助，为这位勇敢走出大山的女孩解决了物质层面的后顾之忧。刘杰心中的社会责任感也从这次资助中获得了滋养，他希望自己拍摄出更多真实的作品，如实地向观众呈现世界的某一个角落中人们的生存状态，给观众带来最原汁原味的心灵感受，从而带来更多改变世界的行动。

刘杰的公司目前的影视制作业务以时长几分钟的短片为主，除了政府、企业等需求相对明确的甲方，还会有一些艺术类的短片合作。在有较大自由发挥余地的项目中，刘杰和他的团队总是尽可能地贯彻"艺术的真实"这一思想。任何活动本质上都是一种"活力"的流动，在创作过程中忠于真实和心灵的感受，最终的成品就能够让目标受众的生命更加丰富与活跃。

虽然新冠疫情让器材租赁业务受到了冲击，但伴随疫情而来的火热的线上直播又带来了新的机遇。直播的平台化催生了大量的活动，也催生了许多影视宣传短片的需求。与疫情前短片多偏向于新闻不同，疫情下的短片更多地偏向舞台化，对制作方的要求也变成了"短平快"，原本半个月的制作周期被压缩成三四天，对成片品质的要求也比原来低一些。在这种情况下，刘杰团队的工作节奏变得更加紧凑，大家努力地平衡着效率与质量的关系。

在未来，刘杰希望带着自己对真实的追求去拍摄一部属于自己的电影。这个梦想需要投入很多的人力物力，但是它就像高悬在头顶的一轮明月，让人不至于在地上的六便士中迷失，而总是能保持着一股贴地而起的诗意。

比起填鸭式的内容、程式化的技巧，真实的呈现总是更能让人感动，即使是普通的短片也会因为心境的不同而散发出极致浪漫的光辉，从而为社会带来正向的力量。

斩不断的母校情缘，说不尽的反哺之情

回顾自己的求学历程，刘杰感触最深的不是那些有助于创业的实用技巧和经验教训，而是校园里那一段能够自由创作的纯粹时光。因为全心全意地投入每一次创作之中，所获得的每一次感悟都将是未来开拓新事业的灵感积累，也正是在这种沉浸式的创作之中，人才能与自己心灵相通，确认自己热爱并且愿意坚持下去的方向。在学校时敷衍地做作业，把更多的时光用来从事机械化的经济活动，在短期内虽然会有更大的收益，但是从长远的个人成长来看，这样的做法会让人生的发展缺少"后劲"。更糟糕的是，只看短期收益的人很容易被他人的声音影响，无法做到为自己而活，在工作中也难以产生情感共鸣，发挥不出属于"人"而非螺丝钉的创造力。

刘杰的个人宣传片截图

在有灵感、有想法的情况下，刘杰认为，创业更能够勇敢走自己的路，创造更多的价值，带来更多"活着"的实感，感受到自己存在的意义，而且人本身的性格和格局也能被创业形塑，让你能够在困难中打破小我，涅槃重生，成为一个更完善、更强大却更平和的人。

刘杰一直很感恩母校中国美术学院，他认为能够得到中国美术学院的滋养是一件十分幸福的事，无论是艺术修养、创业知识还是价值观念，这些于他一生都受益的养分，都是母校给予他的宝藏。中国美术学院的"双创"孵化项目一直在如火如荼地进行着，这是一个值得所有国美学子好好利用的资源，尤其是创业课程，几乎每个人都能从这里找到意想不到的机会。

刘杰和中国美术学院一直有合作，公司也离学校很近，所以他常常在校园出入。一有时间，他就会情不自禁地端起相机，为美丽的母校留下真实的影像，这让他几乎成了中国美术学院"不在编的宣传专家"。他欣喜于自己的作品能让更多的人了解中国美术学院，也期待着这些相遇相知能在未来孕育出更多的荣光。

胡崇钦

IMPLEMENT
& INNOVATION

洪流里的童真岛

毕业于中国美术学院设计艺术学院综合设计系

兰知科技创始人

专注于"科技 + 设计 + 商业"融合创新下的"产、学、研、用"探索

提供空间美学营造、品牌形象提升、新媒体视觉传播表达和文创产品开发等多元设计服务

　　罗曼·罗兰曾说："谁要能看透孩子的生命，就能看到掩埋在阴影中的世界，看到正在组织中的星云，方在酝酿的宇宙。儿童的生命是无限的，它是一切。"小时候，我们都爱听童话故事，都坚信那是真的，可长大以后，我们却不再相信童话。时光不着痕迹地蹑足跑过，刮起一阵狂风；日历哗啦啦地翻过了一页又一页，不知道从哪一页起，童真被我们远远地落在身后。幸好有一座岛屿可以收留童真，这座岛屿，名为兰知。

　　初见兰知科技的创始人胡崇钦时，浓郁的艺术气息扑面而来。面前的男子身着一袭富有设计感的黑色长褂，头发整齐地梳向脑后，拢成发髻，完全符合大众眼中的艺术家形象。与胡崇钦先锋洒脱的形象风格十分契合，由一群对产品品质有极度追求的年轻人汇聚而成的兰知科技也是一家秉持新锐的"艺术设计 + 互联网"理念的公司。从 2015 年创业至今，胡崇钦不仅在艺术和商业之间找到了平衡点，还在航行路上搭建起了一座装载爱与童真的中转岛。

设计：广博专精，厚积薄发

"最好的模式是带着业务去创业，这样风险低一些，成功率自然就会提高。"谈到创业初期的感受，胡崇钦强调经验积累的重要性。在大学期间，胡崇钦就已经和同学们一起承接一些简单的设计项目。毕业之后，他先是跟随老师工作了一段时间。很幸运的是那时候老师还没有很忙，可以在兼顾学校教学任务的同时，像带研究生那样带着胡崇钦和其他学生做项目。那时候胡崇钦刚毕业没多久，正是很有冲劲、不怕辛苦的年纪，他抓住机会跟老师学了不少令他受益良多的知识。胡崇钦到现在都还清楚地记得，有一次，为了赶一个项目，他们先是乘坐飞机到了山东，在那边一忙完就马上乘坐飞机返回杭州，回来当晚又连夜制作第二天一早汇报的PPT，夜以继日，马不停蹄。类似的情况还有很多。

回想起那段大家为理想而共同奋斗的经历，胡崇钦的言语中盛满了感恩："虽然每天加班加点赶项目，但那是我学习积累最快、进步最大的时候。不管是项目经验，还是公司运营运作、商务对接的经验，都积累得很快。"

设计专业出身的胡崇钦，渴望从事一份兼顾专业性和自主性的工作。可是无论是自己开发产品，还是制作有代表性的设计案例，这些大型优质项目都需要通过公司才能经营。于是顺应全国的大众创业浪潮，胡崇钦开始筹备成立公司，并在2015年正式成立了杭州兰知科技有限公司。因为积累了一些项目经验，刚成立的兰知科技并不是"一穷二白"的，旧有的客户资源自然而然地汇聚了过来。胡崇钦刚开始创业就获得了一个稳定的项目作为经济支撑，公司顺利启程，很快便驶入正轨。

"博观而约取，厚积而薄发"，作为中国美术学院设计艺术学院综合设计系色彩设计专业的首届学生，胡崇钦在大学期间习得的知识横跨多个专业，打破了艺术被人为划分出来的学科隔阂。因此，虽然他不是平面设计专业的学生，但也具备了设计方面的基础能力，从而有机会接触与设计相关的案例和客户，这为他之后的创

中国风视觉展示

业打下了牢固的基础，让他得以以平面品牌设计为起点，逐步形成一套成熟的运作体系。

兰知科技目前下设知行科创中心和山口文创中心，其中，知行科创中心配合市场从事企业型网站的开发设计、手机应用的开发设计、H5 页面设计和淘宝店铺优化设计等工作，山口文创中心主要从事品牌优化设计、产品开发设计、常规平面设计和视觉艺术等方面的工作。胡崇钦认为，尽管设计和视觉产品的表达各式各样，但万变不离其宗，都是服务于品牌或某个企业单位的视觉文化表达，只不过载体存在差异而已，产品包装或者平面视觉表达都可以归类为品牌设计，其背后的原理都是相通的。

这也正是中国美术学院创立综合设计系的初衷——培养多方面、综合性的设计人才。和目前许多大学的通识类教育类似，综合设计专业强调整合不同领域的专业知识，而非局限于某一领域内的专业技能，来培养学生的思维方法和洞察能力。在培养学生的过程中，综合设计系让学生对各个设计行业和门类都有所涉猎，从而站在更综合的比较视角，以更好的方式传递视觉美学。

对于通过综合性方式进行学习，胡崇钦将其培养出的人才分为两类：一类是成为大综合型的人才，对所学的各类知识都掌握得很好，可以在大设计领域有所建树；

包装设计作品

另一类是对某个细分领域很感兴趣，继而对该领域进行更深入的钻研，并结合早期培养的跨界思维，将综合性的知识应用于该领域，从而成为该领域的出色人才。

在胡崇钦的公司里不存在严苛的上下级关系，大家像朋友一般平等相处。公司只是一个小平台，把有着共同价值目标的人汇聚在一起，相互协作，共同努力。兰知科技创建初期的团队成员大多是中国美术学院毕业生和胡崇钦的朋友，从2015年发展至今，人员构成不可避免地会发生巨大变化。其中大部分人回到了继续求学的道路上，选择了在国内读研或出国留学深造。胡崇钦始终把学习放在首要位置，因此非常支持他们的选择，而兰知科技走的也是以学业为重的知识型创业路线。胡崇钦搭建团队的最初目的是联合一批志同道合的人一起做项目、出作品，因此他不会把成员死死捆绑在团队中，而是尊重他们的个人意志。

人员的流动问题是胡崇钦在创业过程中遇到的困难之一，好不容易凝聚而成的团队因为成员的离开而发生变动，虽然从情感上能理解，但对于公司而言，肯定是需要承受一定的压力的。还有一个问题也让胡崇钦感到非常困扰。通常一家公司的人员规模都是根据业务规模来配备的，因此在项目增多的时候，胡崇钦也会相应地增加人员配备，但是当项目数量因为大环境的变化而骤减时，公司就会因为过多的人力成本支出而入不敷出，不堪重负。

IP 设计作品

童真：诗不求工字不奇，天真烂漫是吾师

毕加索晚年曾感叹："我花了四年时间画得像拉斐尔一样，但用一生的时间，才能像孩子一样画画。"孩子用纯真的视角观察世界，他们的画没有功利性，是最自然纯粹的。

"每个孩子都是艺术家，但问题

海报作品

在于你长大成人之后是否能够继续保持艺术家的灵性。"不仅是毕加索,包括康定斯基、米罗、马蒂斯在内的诸多艺术大师都十分看重儿童画,因为他们希望重拾孩提时代不假思索就能抓住事物本质的本能。天真烂漫是世间最好的艺术灵感之一,兰知科技的宏愿正是如此:收集并产出孩子们的艺术作品。

其实胡崇钦团队早期给公司的定位是"学院派 + 商业化",且以学院派研究性质为主导,商业性偏弱。在这个定位下,不管是公司从事的项目,还是产出的作品,都没有掺杂太多商业化的成分,更多的是沿袭中国美术学院的艺术人文概念。久而久之,团队也形成了自己的视觉表达风格。在调研了众多品牌后,胡崇钦对每个行业相应的视觉风格都有了一定了解,而兰知科技服务的客户群体主要以高校、政府、龙头企业为主,这一类客户有着更高的艺术追求,而这一点和兰知科技本身的风格是相契合的。

正因为长期服务的是那些与公司自身风格相契合的客户,兰知科技积累了良好的口碑,并获得了稳定的客户来源。对创业定位有了清楚的认知后,胡崇钦便一直

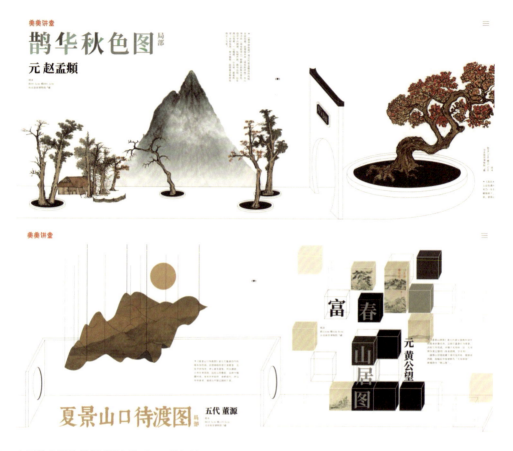

中国美术学院美美讲堂在线展厅网站设计展示

着这条轴线发展，对过度商业化的项目避而远之，并在保证一定经济收益的基础上坚持对高品质艺术的追求。

文化产品是胡崇钦目前正在大力开拓的另一条道路，这个想法萌生于 2020 年。每个设计师都有一个打造属于自己的自主品牌的情怀，胡崇钦也是如此。刚设定目标时，胡崇钦团队迟迟未能找到落脚点，因为市场上文化产品同质化问题十分突出。再加上新冠疫情和公司人员变动的影响，这个计划一度被搁置了。计划虽然暂时搁置了，准备工作却并没有完全停下来。胡崇钦带领团队建立了一个自媒体账号，同时配备线下产品进行跟进，慢慢地积攒人气，等有了一定的粉丝量后，就会把简单的产品先导入市场，评估反馈情况。

当前，胡崇钦正在探索"少儿创意＋文创产品"的商业模式，他的目的很明确，做了很多尝试，并且已经陆续推出了一些新颖的小产品。此前，团队尝试设计了一些文创产品，可效果并不尽如人意，"这些东西没有灵魂"，胡崇钦一针见血地评价。

秉持着激发儿童艺术创意的理念，胡崇钦构建了一座联通输入输出两端的少儿创意中转站，首先通过手工、绘画等形式，挑选出优秀的少儿创意，再以独家买断版权或联合开发的形式将公司积累的设计优势和供应链资源整合运用进去，在保持孩子童真艺术表达的基础上附加一些成熟的设计技法，生产出治愈系和亲子系的创意产品，销售时还可以根据客户的需求灵活调整产品。

公司重视文创产品的多样性，发展重心并没有放在打造大众喜爱的"爆款"上，而正因为产品款式丰富多样，不论是家长购买了给小朋友使用或者送礼，还是用来在各个电商平台销售都可以，适用范围非常广泛。这一点非常符合胡崇钦一开始对这一类产品的定位，即输出大量富有创意和趣味性、能治愈人心的产品。

与少儿美育结下不解之缘，仿佛是冥冥之中自有天意。在大学时期，每逢周末胡崇钦都会去商场兼职代课，他所教授的课程有 DIY 木工、泥塑、绘画等，都和少儿美育相关。孩子的灵感对艺术家而言有一种天然的吸引力，这让当时的他很容易就能跟很多孩子打成一片，而孩子身上蓬勃的创造力让他深受震撼。大学毕业后由于忙于创业，胡崇钦没再继续关注少儿美育领域，但当初的那颗种子已在不知不觉中在他心里生根，待到时机成熟便自然而然地破土而出了。

艺创小镇宣传主视觉展示

近几年来，胡崇钦接触的客户和身边的朋友都有了孩子，当他抱着不以营利为目的的态度带着小朋友做创意设计时，他自己和身边很多人都会被孩子的表达所感动。

孩子设计出来的东西虽然很简单，却能让人一眼就触动心底最柔软的地方。比如他们能画出很多水果，并把水果进行搭配组合，剪裁成小挂件，而水果的形状、颜色及搭配组合的方式体现出的就是小孩子最纯粹的心灵反应。"当你看过太多复杂的东西后，反而会被最简单纯真、随意自然的东西打动。"胡崇钦洞察到孩子在创作中流露出的原始但不刻意粗犷的自然状态，他们的作品带给人的治愈感就像父亲在产房外第一次抱住自己的孩子那般美好，充满着旺盛的生命力。他希望能通过少儿文创产品这一承载物，把第一眼看见孩子画作时那份直接的感动保留下来，然后传递给更多的人，让大家能重拾起在成长过程中逐渐丢失的童真。之所以打造"少儿创意 + 文创产品"的商业模式，胡崇钦还藏着一个小私心：曾经在创业途中渐行渐远的团队成员逐渐都成家生子，通过少儿文创产品与他们的孩子产生关联，也是在重新与朋友们建立新的、更有意思的关系。

胡崇钦不愿以培训的概念来定义自己的项目，他只是站在引导者的位置，提供梳理好的材料和表达方式，不加干涉地让小朋友按照自己的理解自由发挥，从而激发他们的创意潜能。不同于常规性的艺术培训班把重心放在教学生掌握艺术理论和技巧上，胡崇钦更想培养的是孩子们独立思考和创造的综合能力，因此会让孩子们接触各种材料和艺术创作方式，而不是单纯机械地教授他们素描、油画技巧。他把自己和小孩子放在共同协作的平等位置上，"孩子也是我们的老师，很多时候反而是孩子在教你。他们无意间带给你的惊喜以及他们的作品创意，都能让你觉得很温暖和治愈。我们觉得这些东西很有价值"。

在探索出系统性的运作模式后，胡崇钦计划把少儿创意引入乡村美育中。乡村美育指的是联合公益机构和基金会，通过文创产品和展览等形式，让乡村儿童和城市儿童的创意表达产生联动。在胡崇钦看来，不管是生长在农村还是城市，孩子都是天真无邪的，都燃烧着艺术表达的激情之火。农村和城市的环境大相径庭，两者相遇肯定会碰撞出不一样的火花，若加以良好的引导，就能产生奇妙的多元化融合，让长期被忽略的乡村创意展现于生活在城市中的人们面前。而经由乡村美育打造出的文创产品如若在后期获得收益，还可以反哺乡村教育，形成良性循环。

对于孩子而言，自己的创作变成小产品，哪怕只有一件，也能给他们带来满满的成就感和自信心，他们会非常自豪地拿着自己创作的产品分享给班上的同学和老师。对于家长而言，孩子被老师认可，发现他们在创意上有无限的发展空间和价值，也着实是一件令人倍感惊喜的事情。

胡崇钦就像在制造一座童真中转岛，收集孩子们的各种美好创意，并把它们具象化为一件件产品，吸引外界的人进来参观、交流、学习，人们既可以欣赏和体验这些产品，也可以把它们买回家。而孩子充满童趣的创作，也给成年人带来了心灵的慰藉。

美国著名诗人惠特曼在诗作《有一个孩子向前走去》中写道："有一个孩子每天向前走去，他看见最初的东西，那东西就变成了他的一部分，在那一天，或者那一天的一部分，或者几年，或者连绵很多年。"盛开的紫丁香、绚丽的朝阳、池塘边的小鸡一家、田地里的幼苗、路边随处可见的杂草、他所经过的城市或乡村里日新月异的变化……所有的一切都成了这个孩子的一部分。

团队部分成员工作照

　　"少儿创意 + 文创产品"在艺术价值、社会价值和商业价值三方维度下都有长久的可持续发展性。胡崇钦打算在未来逐渐调整该项目和服务性设计业务的比例，从三七开到五五开，再到七三开，在深化文创主线的同时，也聚焦设计服务，在设计业务中注入文创的新活力，让原本平行的两条线扭成一根绳子。整套体系宛若越滚越大的雪球，不断输出正向反馈。

　　中国美术学院的学子们身上总是有着一种"穷则独善其身，达则兼济天下"的理想主义。受这种氛围的影响，在实现个人价值的同时，胡崇钦总想创造出更多的社会价值。美是社会的产物，也是私人化的个人体验。阅尽千帆，归来仍是少年，在与孩子们的接触中，胡崇钦慢慢寻回了最初的感觉。

新生：心之所向，素履以往

作为创业者，无时无刻都要面对压力。胡崇钦坦言，在创业的过程中，自己也曾多次想过放弃，但在克服了许多困难、多次冲破极限后，他的内心最终归于平静，看问题的视角也愈加通透。走出新手手忙脚乱的懵懂状态后，在一步步累积经验的过程中，胡崇钦的目标越来越清晰，也找准了适合自己的方向。在滚滚向前的时代洪流中，胡崇钦带领自己的团队创造了一座可供心灵栖息的童真小岛，让被浪花冲打得疲惫不堪的人能前来稍作休整。

胡崇钦指出，现在是一个人们愿意为精神和美消费的时代，火爆的盲盒经济实质上是情绪价值的变相贩卖。挑选盲盒的过程，以及拆开盲盒后遇到自己喜欢的或价值高的物件时喜悦的心情，都能让人获得满足感。每个人都在追求与自己共情的载体。艺术产品承载了美的力量，而美亦是情绪的载体，剥开层层形式，最终传播的是能和人产生共鸣的情绪力量。

"打不死的小强"，是胡崇钦认为一个创业团队应该具有的最根本的精神特质。作为创业者，必须具备很强的抗压能力。在创业过程中，会遇到无数压得自己喘不过气的时刻，但如果认准了方向，就要永不言弃，咬牙挺住，那些问题往往就会水到渠成地解决了。良好的心态对创业者来说是非常重要的，因为它能够让压力得到及时排解，避免身心受到重创。其他的能力，譬如社交能力、专业能力、管理能力等，都是可以让创业之路走得更加顺畅的附加项。而凝聚力则是团队建设的必要条件，对团队潜能的发挥有着重要作用。因此，团队需要找到一个可以为之奋斗的共同目标。虽然团队成员的设计风格不一，也各有所长，但这恰好能让团队成员之间形成互补，从而加强团队的稳定性，促进团队内部的融洽和团结。在吸引力法则的作用下，优秀的团队对接的客户也会是一群优秀的人，双方相得益彰，互利共赢。

"做好人，做好事"，是胡崇钦团队一贯坚持的原则。兰知科技公司向来注重品质，对项目始终抱着认真负责的态度，着力打造自己的口碑。不汲汲于荣华富贵，只求遵循自己的初心，如此，才能在正确的道路上勇往直前。

胡崇钦总结了创业启程的三种方式。第一种方式是可以在长期稳定的项目基础上进行创业，这样可以有效避免风险。第二种方式是在零项目经验的情况下，多去参加国内外的设计大赛，先用优质作品作为敲门砖，获得奖项和关注后再不断地正向迭代，打造出个人 IP 和名气，最后进阶成为专家大师。俗话说，良好的开端是成功的一半，如果起步时就能走上坦途，拥有强大的作品输出能力，哪怕之后遇到困难也更容易迎刃而解。第三种方式是兼收并蓄、博采众长，搭建一个综合能力强的跨专业团队，广泛地接触形形色色的项目来满足前期的营收需求，为以后的发展打好基础。打铁还需自身硬，无论选择哪种道路，都要做好前期的准备，才能有效提高创业的成功率。除此之外，创业团队还要多多关注国家政策，把握住市场发展的风向标。

胡远辉　IMPLEMENT & INNOVATION

聆听潇湘水畔的女书之韵

毕业于中国美术学院设计艺术学院视觉传达设计系

三朝秀主理人、旻川品牌顾问、品牌设计师、字体设计师、茶人、新媒体艺术爱好者

你可曾见过这样的文字？它从右向左倾斜，呈长菱形的"多"字式体势，结构纤长清矍，笔画精巧轻盈，字体大小匀称，宛若斜风细雨下飘摇的片片柳叶，又似翩翩起舞、体态婀娜的少女。它标记语言的手段奇特，一字多义，仅用400多个字符就可写出千余字的七言韵文。它史书不载、方志不述，在当地族谱碑文中可说无一点蛛丝马迹，外界少有知晓。它传女不传男，只在当地妇女之间相互传承学习，甚至有"其歌扇所书蝇头细字。全县男子，能识此种字者，余未之见"的说法。

它就是发端于潇湘水畔的"天书密文"，为江永地区女性所独有，也是世界唯一现存的女性文字——女书。

永州江永女书生态博物馆调研

　　千百年来，女书只流传于湖南省江永县及其近邻一带的道县、江华瑶族自治县的大瑶山和广西部分地区的妇女中间。女书在当地不仅可以说写读唱，还是一种生活方式。女书的信息总跟"女友""女歌""女红"联系在一起，共同构成了独特的女书文化。当地独特的"坐歌堂""贺三朝""结拜姊妹""女子斗牛节""吹凉节"等女性专有的风俗习惯，给女书的产生、传承、发展提供了土壤和空间。

　　出生于湖南永州的胡远辉，在赴远求学后又重归家乡。看到作为第一批国家级非物质文化遗产的江永女书如今的延续和发展状况不容乐观，他以江永女书为主题创立了"三朝秀"品牌，尝试依托于文创品牌，通过设计的方式将女书生活化、时尚化，将其融入现代生活，赋予它新的生命力。

源于女书传统，赋予当代新生

　　2017年从中国美术学院视觉传达设计系毕业之后，胡远辉没有找到适合自己志趣的工作，于是决定自己创业。在写研究生毕业论文时，胡远辉采访了很多融合了中国传统文化元素的设计师，积攒了相关的经验和资源，"三朝秀"品牌就是在他的毕业设计的基础上创立的。

在毕业展上，胡远辉提出了"时尚女书"的概念，从文字、图案、载体、方言、习俗等多个角度分析女书元素的价值，并从可读性和不可读性两方面入手，解读女书在当前语境生态下应用的可能性。在可读性上，过去的女书主要用于当地女性的生活社交，但随着时代的发展，女书在现实生活中的使用率直线下降。

有学者做过统计分析，《汉语大字典》收录了5万个左右的汉字，常用汉字有数千个，而如果将所有的汉字用女书表达，仅需2000个字。而且无论社会涌现出什么新事物、新词汇，女书都无须再造新字，只用读音表示即可。像"宇宙飞船""克隆技术""计算机"等现代词汇，用古老的女书完全可以记录。

非物质文化遗产本是各族人民世代相传的传统文化，随着现代化和城市化进程的飞速发展，许多滋养非物质文化遗产的环境土壤慢慢消解，博物馆成为它们最终的归宿。

得益于女书的强大生命力，胡远辉将近几年热门的网络流行语如"人生如戏，全靠演技""洪荒之力""你们城里人真会玩"等翻译成女书，通过文本内容的开发来让年轻一代的网民能轻松愉快地接受女书这种陌生文字，进而接触到女书背后的文化内涵。

为增强女书的可读性，胡远辉收集并整理出一批女书文字，对女书字体进行了重新设计，改弱柳扶风的柔软风格为硬朗的线条，既保留了女书字形的原味和识别度，又赋予它现代美感，让它即使不可读，也能传达出特有的文化韵味。他还将设计的女书字体与其他图形创造性地进行融合，把女书从文字逐渐变成不可读的图形，在图形到文字、文字到图形之间形成一个循环。

三朝秀的产品目前主要聚焦于各种包，后续会慢慢往配饰品类发展。选择以包作为载体，是胡远辉深思熟虑的结果。在毕业展上，胡远辉开发了多个系列的女书主题产品，例如文身贴、笔记本等，包系列从中脱颖而出，格外受欢迎。除此之外，包在日常生活中的使用频率和复购率也高于其他产品。

刚开始时，胡远辉其实是想尝试做与专业相关的服装设计产品，但由于服装设计的流程繁复，同一个产品的SKU（Stock Keeping Unit，库存计量单位）会很多，

女书主题包

需要设计出不同的尺寸和色号，初创企业的资金实力很难支撑该品类的生产，所以胡远辉最终放弃了这个想法。而做包的可行性明显大于服装，它的一个产品可以适用于多个群体，能有效减轻初创企业的成本压力。

为了扩大女书的知名度，胡远辉富有远见地把低客单价和高客单价的消费群体进行划分，用不同价位的产品来满足不同需求的人群。比如：针对消费能力弱的学生群体，推出单价在几十元到 200 元的包；针对消费能力较强且追求品质的人群，推出单价在 500 元到上千元的包，以此提高顾客的留存率。

与渠道商合作是三朝秀主要的销售模式，比如在文创产品的集成店、买手店或者美术馆和博物馆的衍生品商店内售卖产品。三朝秀的产品目前已在全国推广至 50 家线下店铺。虽然线上也在经营淘宝店铺，但新冠疫情之后，线上运营的成本大幅提高，想要获得流量就得烧钱，这对尚无雄厚资本的中小企业并不友好。疫情给每个创业者都带来了或多或少的影响，很多合作的渠道商与供应商都倒闭或转行了。所幸之前胡远辉参加了很多线下的活动，包括创意市集、展会、时装周和博览会等，减少了疫情带来的冲击。

选择产品投放的市场也是一门学问。胡远辉的第一批产品是在江西景德镇的陶溪川出售的，当时市场反馈很好，准备的产品全部卖断货了。

在欣喜之余，胡远辉也清晰地认识到，同样的产品若能投放到精准的售卖渠道，销量会更好，反之则可能石沉大海。诸如去艺术市集的顾客普遍是对文化较有洞察力的群体，那么相应的文创产品便要投其所好。在吸引了一批高黏性的粉丝后，胡远辉逐渐可以靠微信群和朋友圈推广自己的产品了，同时小红书等网络平台也帮他引来了不少精准客户。

胡远辉认为，经营文创类小众品牌要先让顾客了解品牌的文化背景，有了一批初始粉丝作为基础后才能更好地进行下一步的推广。同时，该过程也是品牌与客户的双向选择过程，品牌筛选出了对它真正感兴趣的顾客，顾客也找到了符合自己审美品位的产品。

在胡远辉看来，与把线上销售作为制胜法宝的趋势相比，线下销售具有不可替代性。看起来一样的包，摸起来质感会天差地别，但如果是在线上购买，就只能透过图片去观察，再通过以往的经验来判断其品质，自然比不上切身实地的触摸体验，

三朝秀在 2018 年"淘宝造物节"现场

女书主题的笔记本和包

因此最好的销售方式是先在线下沉淀出一批粉丝，再慢慢转战至线上，稳舵定锚方能致远。

从销售数据上看，三朝秀的大部分客户群体年龄位于 18 岁到 35 岁的区间内，这部分群体对文化艺术与设计都有一定的认知，也对女性文化比较感兴趣。

出乎意料的是，一些老年人也会购买三朝秀的产品，他们一开始是单纯地觉得图案好看，在了解女书文化后也能接受附加在产品上的文化价值。虽然老年群体不是三朝秀品牌着重服务的客户群，却从另一方面印证了三朝秀产品的可拓展潜力。

让胡远辉印象比较深刻的是，他在北京和上海做展览活动的时候，有些人远远地看到三朝秀的产品，会特意过来询问他是不是在做女书方面的文创产品。胡远辉原先以为他们是之前在网上或者毕业展上看到过自己的产品，但实际上对方只是在博物馆中看到过与女书相关的资料，第一眼看到三朝秀后觉得很熟悉，专门跑过来询问。

这令胡远辉万分欣慰，他不仅亲眼见证了女书文化正以它自身的形象气质不断吸引着更多喜欢这种文字的爱好者，也确认了三朝秀产品精准地抓住了女书文化的特点。毕竟对于做原创设计品牌的中小企业而言，可辨识度对它们的未来发展至关重要。

倾心于女书无与伦比的魅力，又遗憾于小众文化与时代的脱节，为了两全其美，胡远辉另辟蹊径，将女书依托于流行品牌进行传承和推广，通过设计赋予女书现代化的时尚元素，同时结合传统工艺、现代科技、新兴媒介等多元思维将它融入现代生活中，与消费者产生联系，从而让古老的文化瑰宝焕发出新的生命力。

三朝书，半生缘

江永女书包含两个方面的含义：一是女书的文字本身及用这种文字写成的作品和写有这种文字的物件。女书具有特殊的社会功能，书写在精制布面、扇面、布帕、纸片上，分别被称作"三朝书""歌扇""帕书""纸文"。二是在运用女书过程中所形成的文化现象。

女书的内容大多是对当地女性生活的描写、人生经历的记录和情感体验的感叹，

 各种女书主题的产品

以记录身世、抒发情志、结交姊妹、贺三朝等最为常见。

"一岁女，手上珠。二岁女，裙脚缨。三岁学行学走路，四岁提篮入菜园。五岁搭婆炒茶叶，六岁搭嬷养蚕婴。七岁篱上绩细综，八岁上车捡细纱。九岁裁衣又裁剪，十岁拿针不问人。十一织罗又结海，十二抛纱胜过人。十三梳个髻分界，十四梳个髻乌云。十五正当爷的女，十六媒人拨不开。十七高楼勤俭做，十八抬头领贺位。十九交亲到他门，厅屋之中有赠碟。碟子花开十二层……"

这是女书歌谣《成长歌》中记录的女性的一生，当地的女性有一种原生态的自由意识，但受男权社会的压迫，女性的自由空间非常狭小。

女书的起源众说纷纭，至今仍是一个未解之谜。目前专家普遍认为，由于过去女性地位低下，没有资格读书识字，为了倾诉心肠、谈论闺中秘事而不被男子发现，湖南永州的一些汉族农家妇女发明了一整套可以说写读唱的文字。

这些文字自诞生起，就与当地的特定节日习俗相结合，也代表着过去女性的生活方式。张爱玲说："长的是磨难，短的是人生。"女书文字下埋藏着一代代江永女性坚忍不拔的精神气质。在女书文化中存在"人死书焚"的习俗，女书的主人在临终前，往往要把生前创作或保存的女书作品焚烧殉葬，少数作为纪念品留给女儿、姊妹和女友。从某种意义上说，女书承载了一位女性成家之后的余生岁月。

品牌名"三朝秀"的灵感就来自女书流传区域中一种温馨的婚嫁习俗。"三朝"即三日，在中国传统文化中有着特殊含义，古人把婚后或出生后第三日称为"三朝"，并衍生出了三朝礼、三朝酒。《梦粱录》记载："三日，女家送冠花、彩段、鹅蛋……并以茶饼鹅羊果物等合送去婿家，谓之'送三朝礼'也。"

三朝在女书的文化习俗中占据着主要的地位，在现今流传的所有女书作品中，三朝书占了一半以上，是女书的重要载体。

何为"三朝书"？它其实就是"三朝"之前新娘的女友们事先写好的一本自己特制的线装三朝书本，其中前三篇是用女书写的祝语，向新娘祝贺新婚之喜并回忆自己与新娘的情谊。在"三朝"这一天，女友们持糕点、水果和"三朝书"，首先到新娘的娘家"贺三朝"，然后到新娘的婆家将新娘接回娘家。女友们在新娘的娘家小住几日，其间经常互相交流女书、女红作品。故"三朝书"被认为是当地婚俗中最珍贵的礼物，是新娘有教养的标志。如果没有人送"三朝书"，就代表这个女子的品行有问题。

在女书中，"书"字与汉字"秀"的形态十分相似。在不了解女书文化的外人眼中，"三朝书"更为古朴传统，而"三朝秀"则洋气十足。同时，"秀"也包含"展示自我"之意，亦是指"时尚秀场"。

胡远辉用相似的图形作为连接传统女书和现代时尚的桥梁，用"秀"字凸显现代女性的时尚风貌。

胡远辉认为女书的价值不只体现在文化研究上，它背后所传承的女性智慧与精神力量也同样熠熠生辉，对当下人的生活和对生命的思考都有无穷的借鉴意义。

在未来，胡远辉计划开辟"文创模式 + 设计品牌 +IP 模式"的复合型商业模式，在包这个品类的基础上，跨媒介地开发女书文化的载体，将女书作为文创元素植入装饰品、艺术品、视频、符号型 IP 等，让来自潇湘水畔的女书歌声继续传唱下去。

女书主题文身贴

单枪匹马，独步时尚

创业之路刚启程时，胡远辉也遇到过不少大大小小的困难和挫折。其中，品控是他做原创设计品牌的一大痛点。2018 年的时候，线下渠道和活动逐步增多，本该是发展品牌的良机，但很多供应商不仅工期拖沓，交付的货物品质也远低于预期，这对胡远辉的事业造成了不小的影响。供应商的违约令他无法按时给客户提供产品，给三朝秀品牌的诚信度带来了负面影响。

人与人的认知和观念参差不齐，初次接触相关业务的胡远辉也是在摸爬滚打很久后，才理清了与不同的供应商顺利沟通的有效思路。

令我们大吃一惊的是，在很长一段时间里，三朝秀团队实际上只有胡远辉一人，即便是现在，他的团队也只增添了一人而已。从设计、生产、销售到推广，几乎所有环节都是胡远辉独自包办的。

"做创始人的话，所有的部分都要摸索一遍，这样你才能知道怎么去找合适的人，怎么教他们去做事。"胡远辉说道。他认为评判员工合格与否的关键在于员工与自己的匹配度，如果自己把所有流程都走了一遍，大致知道自己在哪些方面比较薄弱，之后就能有的放矢地招募员工而不是骑驴找马。胡远辉调侃道，早期与合作方沟通时他经常会谎称团队有三五个人，不然会让对方觉得自己公司规模太小，没有可信度。当品牌逐渐成熟后，这些问题就不再是问题了。

一个人也是一个团队，个人的成长是由自己各种能力所组成的"团队"的合作成果决定的，拥有的能力越多，这个"团队"就越大，战斗力也越强。被誉为"中国比特币第一人"的李笑来说："跨界的成本越大，越有可能获得极大的利润。每次跨界，都是给自己拓展一个新的维度。只有在某一个维度上足够突出，才能和其他维度配合打出好成绩，而不是样样通，样样松。"

在学生阶段，我们被"成绩"这个单一维度衡量，很多人都没意识到自己可以有多个"团队成员"。没有一蹴而就的成长，从学校到社会必然会经历脱胎换骨般的转变与磨合。

在创业历程中，胡远辉则积极打造自己的"团队"：在做设计时，就是一个设计师；在运营平台时，就是一位主理人；在线下参展时，就是一名策划；在销售产品时，就是一名销售员。单枪匹马地创业虽然很辛苦，但对个人综合能力的提高有着立竿见影的效果，并且打破了设计师固有思维的限制。大多数美院学子在毕业之后会从事设计师工作，尽管他们具备了成熟的专业知识技能，但多数都只会从设计的角度考虑产品。而在经历过创业后，则可以在艺术圈、互联网圈等圈层自由地切换身份，从品牌创始人的角度、产品销售员的角度、合作方的角度去综合考量设计方案，以开放谦逊的心态面对各种批评和建议。

创业还敦促胡远辉对不同的学科都有所涉猎，例如在推广产品时需要了解传播学和营销手段、策划方式，在经营公司或者成立工作室时要学习财务和法务的相关知识。多维度的竞争力与多元化的思维模式，是创业带给胡远辉个人成长的最好礼物。

对未来，胡远辉信心满满："我希望坚持产品基因、商业模式、内容传播的原创，将'三朝秀'衍变成以小众文字为代表的潮流品牌，持续输送自身独特的美学观念与文化价值。"

时光沉淀，未来可期

毕业于中国美术学院手工艺术学院
师承唐明修、冯晓娜、简锦斯、王鸿
运用大漆等综合材料语言表达所思所想，在艺术品与商品之间
寻求平衡
半未溱舍主理人，制作茶器、食器等实用器皿

　　从杭州市富阳区沪瑞线下车，右转直走，沿着蜿蜒的道路一路前行，进入天创园后再右转，便到了我们此行的目的地——半未溱舍。首先映入眼帘的是一栋两层楼高的小屋，屋前有小庭院，庭院边是几盆花木和随意摆放的器具。花木都野蛮生长着，在冬日的阳光下生机盎然，组成一派富有野趣与生活气息的景象。

　　此时，一男子正好走到屋前。他看起来大概 30 岁左右，眉眼温和，姿态闲淡，带着自信和沉稳的神气。这个男子便是半未溱舍的主人——王金凯，也是我们此行的采访对象。

传统漆艺的传承人——爱创造，爱自由

　　"生漆净如油，宝光照人头。摇起虎斑色，提起钓鱼钩。入木三分厚，光泽永长留。"这首诗所称赞的便是大漆。

大漆，俗称"土漆"，又名"天然漆""生漆"，是一种从漆树上采割下来的乳白色纯天然液体涂料，接触空气后逐步转为褐色，直至表面干涸硬化而形成漆膜。我国是漆树原生地，也是最早发现和利用大漆的国家，大漆工艺的历史至少可追溯到 8000 年前，收藏于杭州市萧山区跨湖桥遗址博物馆的漆弓就是实证。

大漆用途广泛。在古时，"漆之为用也，始于书竹简。而舜作食器，黑漆之；禹作祭器，黑漆其外，朱画其内"。大漆可用于做竹简，做食器、祭器。天然大漆还是一味中药，《本草纲目》载："漆性毒而杀虫，降而行血。所主诸证虽繁，其功只在二者而已。"在现代，大漆同样用途繁多，既是优良的防腐剂、纺织印染工业的理想涂料，也是电器设备的良好绝缘材料、漆器工艺制品的优质涂料，可用于家具、器皿、装饰用品、饰品，乃至服装、建筑。

大漆制品，是祭祀台前的庄严漆器，是皇城朱门上的大漆髹饰，是官员头顶上的漆缅纱冠，是玉辇前的红漆木，是可与"湖南湘绣""景德镇瓷器"并称的北京雕漆，是无数文人墨客笔下的"种田烧白云，斫漆响丹壑""瑶坛被髹漆，宝树攒珊瑚"。

生漆

然而，由于大漆本身的奢侈昂贵，加上大漆制品复杂的工艺与很长的制作周期，在今天，大漆已经不再被大多数人所知，种种漆艺也逐渐失传，大漆工艺也被列入国家非物质文化遗产名录。

而我们今天故事的主角——王金凯，正是这项技艺的传承人。

谈到当初是如何走上学习和传承大漆工艺的道路时，王金凯笑道："这中间是有一些阴差阳错的。"王金凯从小就开始对美的事物、对创作、对随心所欲的表达很感兴趣。他格外喜欢欣赏画作，关注身边的美，会为这些而雀跃，但那时他的生活和大部分普通孩童一样，被作业、考试占据着。高二的时候，王

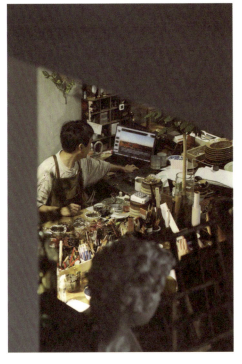

王金凯工作照

金凯遇见了他的恩师，迎来人生的转折点。他的老师毕业于杭州师范大学油画专业，随丈夫来到了王金凯所在的城市，并进入王金凯就读的高中任教。

从小就喜欢天马行空的表达的王金凯，对被限定在框架里的枯燥的文化课的忍耐度已濒临极限，对美术的热爱正在疯狂滋长，他开始跟着老师学习绘画。从作品中，王金凯认识到，原来绘画不只是绘画，还可以进行种种思想的表达，他仿佛打开了新世界的大门。看着王金凯逐渐展现出的绘画天赋，老师鼓励他报考美术专业院校。

顺利考入中国美术学院后，一开始王金凯并没有想过去学习大漆工艺，"最开始想要学习的专业其实是跨媒体艺术"，因为跨媒体艺术是突破现有美术学科格局的一个专业，"那是一个比较天马行空的专业，它不会限制我"。

然而不巧，在王金凯进校的那一年，跨媒体艺术恰好不对造型专业基础部进行招生。随后就好像命中注定一般，在参观 2012 年的毕业展时，王金凯的目光被展览中的漆画漆器类作品牢牢吸引住了。王金凯说，那时他一边逛展厅，一边把感兴趣的作品拍下来，整理照片的时候发现，拍摄下来的作品大多是漆艺作品，这些作

品里有装饰性极强的平面绘画，也有立体雕塑，甚至有灯光影像装置类作品。这让王金凯眼前一亮，大漆工艺作品跨度很大，能够不受限制地创作和表达，简直无一处不符合他的设想。

于是，王金凯踏上了学习大漆工艺的道路。

爱创作、爱自由，推动着王金凯走上传承漆艺的道路，也支撑着王金凯此后的创业岁月。

历经坎坷，不忘初心

大三那年，王金凯参加了全国美术作品展，他参展的作品是一幅大漆工艺的作品《舞猴》，主题是孙悟空，他运用百家衣的概念去缝合了我们中华民族的英雄形象。作品运用抽象的手法，将色彩挤满画框，仿佛想要反叛，想要挣脱，又像猫一样安全地蜷缩在内。通过这幅作品，王金凯表达了存于他心中的中国人的信仰，也昭示了他自己骨子里的反叛精神与人格。

2015 年从中国美术学院毕业的时候，王金凯选择了创办自己的工作室，"因为想要做一些自己的东西，创造性的东西"。被问及创业路上的艰难，王金凯的回复很平淡："想不起什么太困难的事情，可能因为一直在路上走，遇见一个坎就跨过一个坎，没有觉得有什么事是特别难的。"可事实上，在后来的交谈中我们才明白，有多少艰辛被隐没在了这轻描淡写的话语中。

初创工作室时，王金凯的团队中有三人，他、一位擅长雕塑及各种综合材料的好友及好友的男朋友。一开始三人各司其职，王金凯负责大漆产品制作和产品运营，女生负责产品设计，女生的男朋友负责平面设计与软件相关的工作。工作室在三个人的相互学习和摸索中运转了一年左右，却始终处于入不敷出的状态。王金凯虽然在中国美术学院创业精英班的学习中受益匪浅，但课程中学到的很多东西不太适合初创的小工作室，尤其是大漆是一个相对冷门的行业。于是，在度过了一段十分辛苦又难有收效的坎坷时光后，王金凯的第一个创业团队自然而然地解散了。

第一次创业的挫折并没有击垮王金凯，他继续寻找机会，再次筹建工作室。其间，有一家茶业公司的茶文化创意园项目计划划出一块区域作为艺术家工作室。为了给工作室谋求一个较好的位置，王金凯经老师介绍，来到了这家茶业公司工作，并如愿争取到了一个单间供他使用。王金凯告诉我们："当时那家公司给了我一个挺高的职位，工作也很轻松。"但可惜的是，王金凯在茶业公司工作了四五个月后，公司的投资人家中出了变故，需要撤资，茶文化创意园的计划被无限期搁置了。于是王金凯就从这家公司离职了，继续为重建工作室寻找机会。王金凯说："上班是挺轻松的，但那并不是我想要的生活。我很喜欢现在的生活，自己做工作室虽然非常忙碌，但十分充实，我享受为自己做事情，做自己喜欢的创作的感觉。"

抱持着创业的信念，王金凯等到了第二次机会。2017年，中国美术学院创业学院与公望艺术园共同打造了中国美术学院大学生创业基地（创客空间），王金凯抓住机会递交了商业计划书，经过路演，成功拿到了免费入驻空间的机会。在这段时间里，王金凯还同步设计生产了不少与大漆相关的产品，并且完成了公司和品牌商标的注册，做好了一切准备工作。当年夏天，王金凯的工作室正式搬进了中国美术学院大学生创业基地。

准备工作做得很充分，又没有了租金的压力，王金凯的工作室逐渐走上了正轨，但依旧面临着不少困难和压力。虽然有不少艺术家的工作室进驻了园区，但大多数艺术家都关着门沉浸在自己的创作中，很少与外界交流。王金凯也是这样，加上在园区没什么朋友，在刚进驻园区的两三个月里，除了偶尔去小餐馆点餐能开口说两句话外，王金凯基本没有和人交流过。

同时，工作室位置比较偏僻，虽然适合进行创作，却并不利于品牌运营与产品的销售。此外，工作室是半地下结构，一遇梅雨季节就很潮湿，导致里面所有的纸质材料都会发霉，严重的时候甚至墙壁渗水、玻璃长霉，让王金凯感到很困扰。当然，这些都是小问题。在很长一段时间里王金凯都背着债务，加上家里也因为一些事情财力紧张，需要他帮衬周转，王金凯的压力非常大。

那段时间里，王金凯白天要专注于工作，晚上脑子空下来就会胡思乱想，严重影响了睡眠，有时甚至需要借助药物才能入睡，睡眠质量也很不好，第二天会感到很疲惫，甚至不愿意起床。虽然很艰难，但不能逃避，王金凯说："那个时候我就想，你不起来的话，就没有人来改变这个现状。"

那段时间，除了做产品设计、打样生产、拍图排版、宣传上新这些工作室的事

工作室场景

情之外，王金凯还会做一些兼职工作以缓解资金压力。兼职工作很杂，他做过商业空间的陈列师、摄影助理，给企业设计过标识和产品册，教授过成人学习西画基础，做过户外大型景观雕塑 3D 建模，等等。这些工作大多是朋友介绍的，无论会不会，王金凯都会尽力接下来，遇到不会的就去自学相关技能。"一般就用电脑查素材，只要有心，想学什么学不了？我是个不会轻易否定自己的人，这个东西即使我不擅长、不会，我也敢于去尝试。"王金凯说。

"就那么想做工作室吗？始终没有想过放弃吗？在负债的时候、面临压力的时候，都没有想要放弃吗？为什么呢？"

面对这一连串的问题，王金凯的答案再一次让人深受震动。他说："我从来没有想过放弃。因为我从不以金钱为第一导向去做事。如果纯粹以金钱为第一目的的话，可选择的方向其实有很多，不一定是我现在在做的事情。大学的时候老师就同我们说，很多东西都会有的，不要着急，先做你自己喜欢做的、想做的事情，这是最重要的。因为做你喜欢的事情，你更能投入进去，在做的过程中，也能汲取更多东西，如果最终的成果能够得到社会的认可，自然会有金钱上的收获；如果不行，在做自己喜欢的事情的过程中，你也已经得到了精神回馈。"王金凯将这些观点娓娓道来时，神情从容淡然。

"以中有足乐者，不知口体之奉不若人也。"手艺人的工作室是苦寒之地，尤其是入冬的时候。"不急不躁，静水流深"，这是王金凯送给学弟学妹的寄语，也是他自身性格的写照。

面对苦寒寂寞、坎坷挫折，王金凯始终没有退缩，遇见一个坎便迈过一个坎，从热爱中汲取快乐。坚韧、自信、从容，这就是王金凯。

半未——似完未足，一半未了

王金凯将自己的公司命名为半未漆舍。半，是中庸之道；未，既是未完成，也是未知、未来。大漆是有生命力的，大漆作品在创作者的手中只完成了生命历程的一半，另一半的生命历程需要在岁月流转与收藏者手中完成，在时光淘洗中增加的种种痕迹，会使漆器变得有温度、有生命。半未，是漆器的生命历程，也是王金凯的创业历程。

一件漆器的制作需要经过漫长的生命周期。大漆是有活性的，大漆中含有漆酶，就如同人体里的唾液淀粉酶一样，是活的材料，随着温湿度的改变，其性状会发生改变，因此它有着不可控的因素，且在制作的过程中时常会出现失误，一旦失误就需要停下来花费更多的时间进行调整。

这样的不断调整是王金凯在大学时代最常经历的事。他刚进入漆画专业的时候，制作的速度在班级里是比较快的，但经常做着做着，就会因为反叛的尝试出现失误而返工，于是从原本的制作速度前列一下掉到最末尾，然后再熬几个通宵，加班加点赶回去；然后又出错，又被打回来，再熬几个通宵赶回去，如此反复。王金凯不急不躁，不怕出错的性格也是在这样的过程中养成的。

在这些不断试错的过程中，王金凯也会尝试不同的方向，也会从"错误"中收获惊喜，得到意想不到的效果。王金凯的创业路途也大抵如此：不惧怕错误，不畏于开拓，在探索中尝试，山重水复处或许就会有柳暗花明。

作品：泰宝蛋蛋

集市展售现场

王金凯最开始做的产品是一些茶器，如茶碗、茶则、茶盘等，由于漆器的工艺复杂、工时长久，导致成品价格相对较高，市场表现不太好。后来他便转变了思路，转而做一些符合市场需求的产品。

半未桼舍目前的产品主要是首饰，把大漆和金银铜结合，做成耳环、戒指、项链等，体量小，成本比较好控制，针对的客户群体为 25 岁至 35 岁的女性。首饰是一个需要紧跟时代潮流的产品，必须有一定的当代风格，而大漆工艺在视觉上是偏传统的，如果处理得不好，在不懂行的人眼里就显得很像塑料。

为了调和传统工艺与现代风格的矛盾，在降低成本的基础上，王金凯选择了在辅配件银饰上做文章，把繁复的大漆工艺与银饰的简洁大气结合起来，同时添加一些富有趣味性的设计，让产品符合当下人的审美喜好，很多人看了之后都说"有趣"，也愿意买单。

随着工作室的发展，半未桼舍搬到了新的工作地点，王金凯有了更宽敞的场地和更广阔的创作空间。成立工作室的第四年，一位友人建议王金凯试一试开办金缮修复教学班，教授学生学习大漆工艺。

做决定之前，王金凯是有些犹豫的，大漆工艺整个制作过程历时很久，这使他养成了思考多于行动的习惯，也导致他有时会苛求完美，在想法还没有被打磨到 100 分时，是不敢往外推出的，而别人做到 80 分、90 分的东西就已经出现在了市场上，这让他陷入滞后的境地。友人便劝说他，完成优于完美。"所以我现在也会有意识地提醒自己不要陷入完美主义的陷阱。"于是，王金凯的工作室开始涉足金缮修复教学这一领域，后来又延伸到了修缮与漆器定制等领域。

理想与商业之间的平衡几乎是每个艺术专业的创业者都要面临的问题。王金凯也一样，当市场和创作之间发生矛盾时，就需要将自己的想法与市场的需求进行磨合。

对于这个问题，王金凯感到有些遗憾，因为他其实更喜欢无用之物，未来如果有机会，他希望能从事更多自己喜欢的创作。王金凯向笔者展示了他的得意之作，一个漆艺的万花筒。这个万花筒既承载着童年趣味，也承载着永恒，被王金凯命名为"不朽的童年"。

在拓展业务的同时，王金凯还坚持向大众普及大漆工艺。

金缮修复课

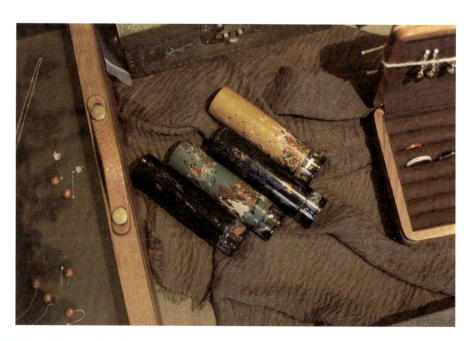

大漆万花筒"不朽的童年"

王金凯说，由于大众对大漆行业的认知度不太高，加上大漆制品制作周期长、时间成本高，导致价格偏高，市场上出现了规模化的打着大漆工艺名号的成本低廉的仿大漆制品，扰乱了市场，对真正的大漆产品的生存空间形成了挤压。半未黍舍的产品在宣传上没有投入太高的成本，大部分时间和精力都倾注在了打磨作品上，因此定价较之市面上的大漆产品偏低，结果却让它们陷入了尴尬的境况：拿到市场上时，不了解大漆的人觉得太贵，真正了解大漆工艺的行家又觉得太便宜，担心是假货。

面对这样的困境，王金凯及其团队不厌其烦地向大众推介普及大漆材料和大漆工艺知识，遭遇挫折也不懊恼，为守护大漆传统技艺尽自己的一份力量，坚持不让"劣币驱逐良币"。随着国家越来越重视非物质文化遗产，加上《我在故宫修文物》等节目的热播，已经有越来越多的人开始了解大漆了，半未黍舍的境况也有所好转。就这样，王金凯不急不躁地行走在自己的路上。

半未黍舍其实一直都在以一个缓慢但平稳的速度成长着，其间并没有出现什么极大的起伏，这是因为王金凯一直都不曾质疑过自己，也一直没有停下前进的脚步，一直在产出作品，时间和精力的积淀持续推动着工作室的成长。

王金凯的故事并不像电影那样波澜壮阔、巨浪滔天，而是一点一滴，聚沙成塔，一切都在时光里沉淀，在手艺人的不断打磨中精进。

王金凯的工作室，进门后是大厅，大厅两边

集市展售现场

金缮修复

摆放着各种稀奇的小玩意儿，或是精巧的饰品，或是破碎后又被重新修缮的器皿，或是王金凯闲时创作的各种充斥着自我表达的作品。大厅中间摆放着大大的书架，书架上摆满了书，多是艺术创作类的书籍，也有些旁的闲书；书架旁有个在灯光影映下显得格外温馨的小沙发，沙发上蹲着一只灰色的肥肥的猫咪，正对着水族箱，水族箱里养着热带鱼。再往前走是工作台，王金凯平时就在这里工作。楼下是阴房，完成后的大漆作品在这里进行干燥；楼上是金工坊和多功能影像室，平时王金凯在这里给学生放映课件。

参观完毕，王金凯告诉我们，他对未来的规划是，有一天能够带着他自己和工作室的作品走出国门。自从有国外的留学生向他提出采购他的产品到国外销售起，他就萌生了这个想法。他想，与其等着别人将你的东西带出去，为什么不努力一下自己走出国门呢？这样就能直接与各国的人交流，接触到第一手信息，也能将中国传统的大漆工艺展现在世界面前。

采访结束，王金凯在工作台旁专注打磨手中作品的神情，以及谈及自己喜爱的创作时表露出的热爱，提及往昔时淡然而从容自信的笑和述说未来理想时的憧憬与坚定，都给人留下了深刻的印象。

半未，半，是未完成，是正在生长；未，是未知，也是未来。半未漆舍，在时光中沉淀出光华，正一路朝着它未知的未来破茧而出。

刘丹阳 IMPLEMENT
& INNOVATION

世态百相，丹心独造

毕业于中国美术学院雕塑与公共艺术学院公共空间艺术系
丹心造相工作室创始人
致力于做与众不同之物
致力于雕塑和绘画艺术衍生品的研发

灵感是一杯可满可倒的水

2015 年获中国美术学院毕业创作暨林风眠创作金奖，同年参加第四届全国大学生公共视觉优秀作品双年展，获新锐最高奖；2016 年参加"学院的力量"公共装置邀请展、"玖零法则"青年艺术展及"域见——未知节点"中国美术学院雕塑与公共艺术学院青年艺术家联展；2018 年获中国·郑州国际青年雕塑家作品展三等奖……令人目不暇接的荣誉皆属于中国美术学院雕塑与公共艺术学院公共空间艺术系 2015 届本科毕业生、丹心造相工作室的主理人刘丹阳。刘丹阳是一位新锐艺术家，主要从事雕塑和插画艺术。

刘丹阳和他的部分作品

　　《儿时的梦》是刘丹阳的毕业设计作品，该作品几经升级创作，斩获了不少奖项。这个作品属于动态雕塑，是动态艺术的表现方式之一。动态艺术作品对机械零部件的要求是很苛刻的，精度不能有一点偏差，《儿时的梦》二代作品就因这个问题在拼装时发生过事故。此后在制作《儿时的梦》三代作品时，机器装置和零部件都是刘丹阳亲手拼装的。

　　《儿时的梦》三代是一个铁甲人的外形，每一部分的结构都可以打开。打开面具，里面是一张孩童的脸，寓意着一个人在成长过程中逐渐披盔戴甲，把自己全副武装起来，以此来抵抗外界的风吹雨打；可以灵活打开的胸腔意味着人的成长需要往自己的身体里持续注入各种技能和能量，从而更好地融入社会。

　　刘丹阳当初在设计这件作品时，想法简单而纯粹，就是想做一件实用的艺术品。天天用的东西才是好东西，艺术需要走进寻常生活，而不是一味地被供奉在高处。在他的手下，《儿时的梦》三代是一个可以盛放自己喜欢的零零碎碎小玩意儿的小柜子。它可以放置在室内各个角落，可以被频繁使用。然而在制作过程中，一些有关于人生和成长的思考被持续注入，《儿时的梦》最终"进化"成了现在的样子。

这也是刘丹阳一贯秉持的质朴创作观念：不管做什么，先从动手开始。在创作的过程中，总有一些灵感会不期而至，让作品变得丰盈而充实。

刘丹阳选用的雕塑材质也格外质朴，是比一般木质更为结实坚韧的黑檀木。材质是木雕工艺品创作的基础，但是有些名贵木材对保存环境有较高的要求，如果空气潮湿就可能会变形。这与刘丹阳的实用观念全然相悖。黑檀木相对比较容易保存，即使用水冲洗一下也没关系，并且随时随地都可以把玩。同时，黑檀木材质做出来的物件品控稳定、质量优越，而且越摸越亮，时间长了甚至会黑得发光，呈现出宝石的质感。

以不拘一格的创造力来做自己的作品，在实战中注入新的能量来丰富灵魂，刘丹阳的作品就像他本人一样，生命力顽强，在哪里都能如鱼得水。

用一颗简单的心来创作艺术，是刘丹阳自始至终秉持的观念。

《儿时的梦》

《儿时的梦》三代作品

《儿时的梦》二代其实算是他的第一件成熟作品，圆筒状的身体两侧伸出六只手掌，最前面是一张金色的孩童的脸。六只手掌并没有特别的寓意，刘丹阳只是觉得作品有六只手比较符合美感。而在创作小鸡超人摆件时，刘丹阳拿起笔来信手涂鸦，"画脑袋画身子，屁股再来点花，还可以加个翅膀，于是它就出来了"。他从不刻意地去寻找灵感，而是自然而然地等灵感找上门来。

对于艺术创作，刘丹阳提出了令人耳目一新的"一杯水"理论：创作就像是喝水，这杯水原先是满的，你只要把它倒掉，新的水就可以重新装进来了。

在刘丹阳看来，艺术创作不用刻意地苦思冥想，或者进行激烈的头脑风暴，只需要按部就班地工作和休息。与其背负着沉重的思想负担，还不如放下负担着手去做，在做的过程中，很多事情自然而然会慢慢显现出轮廓。心中有杆秤，东西呈现出来的样子自然不会出错或出偏差。小朋友画画不需要仔细地构思和想象，手里抓着笔东涂西抹，就能画出丰富多彩的东西，而成年人越长大想法越复杂，反而不知道画什么东西才好。

大道至简，多询问本心的诉求，就可以得到内在的平静。

鱼与熊掌皆可得

"丹心"，顾名思义，取自刘丹阳之名；而"造相"为何不用"雕像"的"像"？

刘丹阳解释道："'相'，来自大乘经典《金刚经》中反复提及的'无我相，无人相，无众生相，无寿者相'。古人造像，是心中相的视觉呈现，造像即造心，心有多少相，世间就有多少像；而世间有万像，则心有万相。"除此之外，刘丹阳还认为公司除了雕塑，还有插画业务，用"像"不妥，因为艺术不局限于某一个领域，而是涵盖了世间万物。

丹心造相工作室的标志是一只抱着鱼的小熊，颇为天真烂漫。虽说"鱼与熊掌不可得兼"，但"小孩子才做选择题，大人当然是全都要"，刘丹阳做到了雕塑、插画"双开花"。

刘丹阳自小就痴迷于画画，进入中国美术学院就读后，在学校浓厚的艺术氛围的影响下，他更是苦练绘画基本功，一稿接着一稿地画，力求画出自己满意的作品。怀着这股信念，在经年累月的修炼中，刘丹阳逐渐培养出敏锐的画感，形成了自己独特的风格。如今的他能按照自己的方式，用最顺手的画法，不需要花费太多精力就能画出一幅出色的作品。最初专攻雕塑的刘丹阳，不断拓宽艺术道路，从雕塑衍生的文创产品到如今的插画，他持之以恒地朝着全能型艺术家的目标大步前行着。

当代年轻人的审美文化出现两股风潮：一类是以汉服为代表的素雅风，整体风格清新淡雅，"遗世而独立，羽化而登仙"，有一种不食人间烟火的淡泊之感；另一类是具有广阔商用市场的浓烈国潮风，将中式绘画元素与当前的流行技法相结合

木雕作品

来表现人和物，画面中的中国元素浓郁，比如飞鹤、祥云、花草、古风建筑等，色彩大胆奔放、鲜艳热烈。

刘丹阳的插画风格整体偏向于后者。比如为"大娃怪市"北京场所画的海报，画面入眼便是高对比度的红黄蓝绿色调，挂着鬼怪面具的铜钱树下坐着一个穿着中式服装、扎着两条麻花辫的女孩子，四周散落着各种中式元素，如舞龙、鞭炮、葫芦等。作为"节能主义者"，刘丹阳采用这种风格还有另一个原因：他觉得水彩调色麻烦，便干脆直接把颜料涂抹到画上，不仅成就了风格强烈的个人特色，也与主办方的风格很适配。

目前，刘丹阳正尝试将古代元素融入雕塑创作中，以求古今中西兼收并蓄、融会贯通，力图打造出当代文玩作品。他仿照古代金器，敲出一条融合了三叉戟的三尖两刃、狮尾、鱼尾、羊头、鸟翅等元素的咸鱼，将其中间掏空，里面可以放茶叶、咖啡等各种东西。

"这勺子很厉害，能放茶叶、咖啡，还能放下心中的烦恼。"刘丹阳做了各式各样的小勺子，有的像一条鱼，有的像一把匕首。与李白感慨的"抽刀断水水更流，举杯销愁愁更愁"相反，他把匕首挖成小勺子的形状，当想放下心中的忧愁烦恼时，可以拿起这把匕首刺向假想中具化的烦恼，以此寓意把烦恼切断，以后就再

作品展示

也没有烦恼了。每一把勺子都是刘丹阳精心雕刻出来的，每一处细节都包含着他满满的巧思。

　　摸鱼金符也是丹心造相工作室的一大"神器"。刘丹阳设计摸鱼金符的理念饶有意趣："上班摸鱼，老板给钱；学生摸鱼，金榜题名；老板摸鱼，财源广进。人生的任何阶段，若能摸鱼无忧，而且还能咸鱼翻身，多好！"

　　别小瞧这些咸鱼，它们还是可以许愿的吉祥物。有顾客对刘丹阳说："上班摸鱼挣钱就靠你了"；有顾客买来送给对象，还有顾客反馈买了咸鱼后"这次考试没有挂科""上午挣了五千块钱""今天中了两个奖"。

　　鱼历来就是中国传统文化中的吉祥象征，"鱼"的谐音为"余、裕"，象征平稳、喜庆和繁荣，因此古人爱用鱼来表达美好的祝福。逢年过节、生日喜庆之时，国人常烹上几条鱼，不全为满足口腹之欲，还为讨一分吉祥如意的好口彩。古人寄信时也常把书信结成双鲤形状，故有"鱼传尺素"的典故。各地更有鱼灯、鱼舞等

"鱼"主题产品

以鱼为主题的文化活动。鱼的造型和纹路也备受青睐，寓意年年有余、吉庆有余。

到了现代社会，"鱼"的含义又延伸出了"咸鱼翻身""摸鱼文化"等新意象。"咸鱼翻身"原为"咸鱼翻生"，是一句广东俚语，原本是比喻死人复活，后指处于困境中的人时来运转、身价不同往昔的大反转；"摸鱼"则源自"浑水摸鱼"，引申为偷懒、不务正业。

当代社会竞争性"内卷"越发激烈，许多人都需要在压抑的工作氛围中透口气，于是"摸鱼"文化应运而生，甚至发展出层出不穷的花样。面对不合理的公司制度，年轻人把"摸鱼"当成了一种解压和反抗的方式。在公司工作过一年半的刘丹阳对"摸鱼"的心理深有体会，于是精准地抓住了这种心态，设计出了摸鱼金符、咸鱼发簪等妙趣横生的物件。

有趣的灵魂互相欣赏，作品所背后传达出的共同价值观，也吸引来了一群同样喜欢小玩件的客户，像小行星般聚集在丹心造相周围，形成稳固而又不断慢慢扩大的客户群体，这个群体中包含着各行各业、各个年龄层的人。

令刘丹阳印象深刻的客户是一个年龄很小的小朋友，他对刘丹阳的作品爱不释手，但又囊中羞涩，有一天他鼓起勇气，用渔网兜把积攒了多日的零用钱全装在里面，往刘丹阳摆放物品的桌上一放，硬币哗啦啦地倒了出来。面对此情此景，刘丹阳只好无奈又好笑地摆摆手："好吧好吧，东西你全拿走吧。"

刘丹阳售卖的方式同样别具一格。因为觉得顾客一个个拍商品太麻烦了，他索性挑出好看的"鱼"，按胖瘦长短的不同分别打包成盲盒发给顾客。有些顾客也会

专门来工作室，一边挑选物件，一边和刘丹阳聊天。在集市上摆摊时，看见顾客站
在离摊位老远的地方，刘丹阳会直接把人拉到摊位前近距离交流，最后顾客满载而归。

　　这样的事情经常发生，刘丹阳称之为"千金散尽满载归，万两黄金还复来"。
这句话也是刘丹阳印在付款码上的文字，刘丹阳还把它专门打印出来作为对联贴在
工作室门口。丹心造相的摆件主要通过各种集市进行售卖，进出各种集市次数多
了，刘丹阳接触到的人也越来越多，慢慢地他也逐渐开始参加一些艺术空间的展览
活动。不过，纯艺术性的展览不在刘丹阳的参与范围里，相对商业化的展销更符合
他的定位。

产品展示现场

自我主宰

艺术家大致可以分成两种类型：一种拥有与生俱来的艺术天赋；另一种则由后天的刻苦学习打磨历练而出，他们平日积累了许多对世界的独特看法，在创作时厚积薄发，用作品来表现。尽管获得了诸多荣誉奖项，也被业内广泛认可，但刘丹阳始终认为自己并不是天才，也不喜欢什么"天才""天分"的说法，他始终坚信脚踏实地、扎扎实实地创作才是根本之道。

在刘丹阳的记忆里，他小时候很"笨"，幼儿园复读了一年，上了小学好不容易才考了一次满分，学习虽然很努力，成绩却总是不见起色。英语课是刘丹阳利用得最充分的时光，小小的他在上英语课时总喜欢拿着笔在课本上画画，尤其是有新单词的那几页，上面全是涂鸦。因为画得好，英语老师在听写单词时，特别喜欢拿刘丹阳的英语书来用，一边念单词，一边看他的画。刘丹阳从小就喜欢涂涂画画，经常把家里涂得到处都是画，爸妈回家后还得拖地清洗。刘丹阳之所以踏上艺术之路，既离不开父母的鼎力支持，更是他自我意识的独立选择。他小时候就有主见，认为要做什么是自己的事情，自己要为自己做决定。

刘丹阳喜欢制作小物件而不喜欢做大摆件，因为大摆件不方便运输，他的大型作品获奖时他甚至还在想"奖金够不够运费"。刘丹阳也不喜欢与工厂对接，因为他觉得有些人说话语气不友好，沟通很麻烦。"嫌麻烦"的刘丹阳，实际上是想把更多的时间花在真正有价值的创作上，不愿意让宝贵的光阴被鸡毛蒜皮的琐事占用。

在实际接触的过程中可以发现，中国美术学院的艺术家们与大众通过媒体的新闻采访所形成的对艺术家的固有印象天差地别。在大众视角里，艺术家往往被"标签化"了：衣着装扮与众不同，性格或是清醒独立或是洒脱热烈。但其实很多艺术家都像刘丹阳那样，只是单纯地喜欢艺术，但不一定会在自己的外在表现出来，他们穿着与普通人别无二致的衣服，一步一个脚印地朝着目标去努力，然后水到渠成地实现梦想。

刚从中国美术学院毕业时，刘丹阳其实并没有想过创业，而是只想当一个纯粹的艺术家。他当时的想法是，先是进入一家公司工作，再利用业余时间享受纯粹的艺术家的创作乐趣。可是在毕业后短短一年半的时间里，刘丹阳就辗转换了好几份工作，各种规章制度、条条框框让他的身心备受折磨。他的性格也与普通公司的氛围不匹配，"要么人家辞了我，要么我辞了人家"。

于是刘丹阳萌生出了自己创业的想法，在摸爬滚打了三年后，他于2019年创办了丹心造相工作室。

万事开头难，创业初期刘丹阳经历了一段十分困难的时光。起初公司产品很少，只有咸鱼木雕，刘丹阳还戏称自己是"鱼贩子"，售卖所得也无法支撑起工作室的开销。后来作品慢慢地积累了起来，一切逐渐走上了正轨，从做木雕到做手办、画插画，刘丹阳的经济状况明显好转。

中国美术学院也给勇于创业的学子提供了诸多帮助，组织了很多集市活动。参加学校以外的集市时，只要在摊位挂上中国美术学院的招牌，也会更加引人注意。

创业至今，刘丹阳觉得自己的性格也发生了些许改变。相比于创业之初的自己，他最显著的变化是"脸皮变厚了"。此处的"厚脸皮"并非"厚颜无耻"，而是"厚

工作室一角

实的心"。许多人对厚脸皮抱有很大的偏见，把厚脸皮与不要脸、攀炎附势的小人行径挂钩，但刘丹阳所说的"厚脸皮"指的是能直面挫折和敢于拒绝的强大心态，与功利主义是背道而驰的。

"厚脸皮"是一种心态，更是一种行为。有了"厚脸皮"，在跟别人聊天时更有底气，说到做到；在工作中更有掌控感，能够从容不迫地面对很多事情。这些都是创业带给刘丹阳的无形财富。

坚持自我是刘丹阳创业过程中一以贯之的原则，他认为自己性格中与创业最相契合的是"独断专行"。

良好的口碑源于合作方的认可，其中至关重要的因素就是产品的质量。对自己的作品充满信心的刘丹阳从不接受改稿，高水准的专业技术和精益求精的态度让合作方也非常信任他的眼光，不会过多干涉他的创作。长久的合作免除了纷繁复杂的手续和流程，在前期奠定互信的基础后，程序越来越简单，交易越来越顺畅。

集市展售现场

马克思在《青年在选择职业时的考虑》中讲道："妄自菲薄是一条毒蛇，它永远啮噬着我们的心灵，吮吸着其中滋润生命的血液，注入厌世和绝望的毒液。"只有自己真的相信自己，才能让别人相信你。如果自己都不自信，从言谈举止的细节中流露出畏首畏尾的情绪，说话吞吞吐吐，因为争论而面红耳赤，就会让别人觉得你在这个领域还不够专业。

自信能生发出强大的竞争力。这种自信不是盲目的自信，它是建立在真实能力之上。刘丹阳如此自信的底气来自他过硬的专业技能和足够的知识储备。

因为既有艺术素养又有市场意识，我们无法用艺术家和商人这两个标签来简单定义刘丹阳。因为善于做生意，挂个艺术家的名号总是让刘丹阳不太自在，而手工大师的境界他尚未至臻。至于"匠人"一词，由于刘丹阳的艺术创作展现出的更多的是情感力量，而不是一味地追求高超的技艺和卓越的材料，"匠人"之称也无法与他精准匹配。刘丹阳更像是游走在艺术家、商人和匠人三个群体中的不一样的、持续绽放的烟火。

对于未来想要自己创业的学弟学妹，刘丹阳的建议是"做你喜欢做的，不喜欢做的就不要做"。创业之前，要仔细叩问自己的内心：究竟想不想从事这项工作？不要为难自己，因为强行做自己不喜欢的事情，过程必然是痛苦的。但如果这项工作是自己很期待的，那就大胆放手去做，要相信自己肯定能做得好。

有的人担心自己的产品太小众、太冷门了，受众少意味着产品销量低，不能保证产品能立刻变现。刘丹阳一针见血地指出，世界上有那么多人，什么奇奇怪怪的人都存在，比例再低，乘以巨量的人口基数，算下来也是一个很庞大的数字，因此不要担心受众太少，不要去考虑商业化的因素，只要鼓起勇气去做自己喜欢的东西，勇于表达自己，总会有人认可你，为你的作品买单的。

世界那么大，肯定会有能容纳你的一个空间，我们需要做的，是坚持自己所热爱的那一件小事。

为皮影注入活的灵魂

毕业于中国美术学院设计艺术学院综合设计系

"皮影剧乐部"品牌创始人

皮影文化的创新者

　　"方寸白布做舞台，尺长皮影是演员。一口叙说千古事，双手能舞百万兵。"诗中所描述的正是皮影戏。皮影戏又称"影子戏"或"灯影戏"，是一种以兽皮或纸板做成人物剪影，在灯光照射下通过隔亮布表演故事的民间戏剧，具有浓郁的乡土气息。

　　皮影戏是一门结合了戏剧、音乐等多种艺术手段的表演形式，它始于西汉，兴于唐朝，盛于清代，历史悠久，形式多样，也是最早传入西方的中国传统艺术之一。2006 年，皮影戏被列入第一批国家级非物质文化遗产名录；2011 年，中国皮影戏入选《人类非物质文化遗产代表作名录》。

　　然而，随着时间的推移及大众娱乐方式的改变，皮影戏渐渐淡出了大众的视野，成为一种越来越少见的民间娱乐，其传承和延续成为一个难题。牟茜与她的皮影剧乐部便是在这种情况下承担起了传承和延续皮影戏的使命，她们希望通过自己的努力，能在新的时代重新赋予皮影活的灵魂，让这门璀璨的艺术重新焕发出生命力。

皮影俱乐部

结缘

2013 年，在中国美术学院设计艺术学院综合设计系就读研究生的牟茜参与了一个与甘肃皮影戏及民俗保护研究相关的课题。那一年的某个假期，她随着老师前往甘肃省庆阳市做课题调研。在此之前，牟茜从未接触过皮影戏，她对皮影戏的印象仅限于美术课本上的寥寥数语。那时她尚不知道，这一趟庆阳之行，她将邂逅她热爱一生的事业。

庆阳地处陕甘宁三省区交界处，曾是匈奴、羌、戎、狄等族交往及古老秦陇文化和多民族文化互相碰撞融合之地，是一个民俗文化氛围很浓厚的地方。皮影戏作为庆阳传统民间文化的主要形式之一，在当地已有上千年的历史。牟茜到庆阳后，被当地的民俗文化所吸引，她喜欢刺绣的布老虎，喜欢精巧的香包，也逐渐对皮影戏产生了兴趣。庆阳皮影戏悠久的历史、优美独特的道情唱腔、诡秘规范的造型、精细考究的制作工艺、灵活自由的表演形式，都给牟茜留下了深刻的印象，让她深深感受到了皮影艺术独特的文化魅力。

调研结束返回杭州后，牟茜找到杭州皮影剧团，请剧团成员帮忙雕刻课题组研发的几个皮影形象，并向他们学习皮影表演技艺。皮影剧团的成员是一群以表演皮影戏为生的袖珍人，他们把自己设计并雕刻出的皮影整整齐齐地摆放在箱子里。那些皮影姿态千奇百怪，灵动有趣。剧团成员们满面笑容，把它们从箱子里拿出来，如同介绍自己的孩子一般向牟茜一一介绍。

牟茜看着这一幕，心中突然升起一种感动："就好像那些女孩子非常感性的东西一下子就涌出来了。我们一直在说研究，一直在说保护，一直在说传承，一直在说创新，但什么是保护、什么是传承、什么是创新、谁来做这个事情，这些问题一下子就具象化了。我觉得我更像是一个设计师，可能不是传承人，但可以是发声者。这样一个具有迷人魅力的艺术形式，不应该被就此湮没，我要站出来为皮影发声，尽我的力量做些力所能及的事情。"

起步

虽然有了想法，但对于这个想法是否值得全力以赴，牟茜尚有些踌躇，于是向自己的课程导师王炜民先生请教。王炜民先生半是鼓励半是激将地对牟茜说："有新的东西你不玩，你还去做设计工作室，你干得过我吗？这些东西都已经被我们这些老一辈的人玩得明明白白的了，你不去玩点新花样，反而跑来和我们抢'生意'，你做得过我们吗？"老师的"质疑"让牟茜更加坚定了通过创新来实现对皮影艺术的传承与延续的想法。

"我认为，发声者的作用就是要让越来越多的人认识皮影戏、了解皮影戏，并对皮影戏产生兴趣。这是皮影戏能在新

走进皮影的世界

时代重新焕发活力的基本立足点。"牟茜说，"我们要做的事情就是，对它进行改进和创新，让更多的人认识它，喜欢它。"

通过调研，牟茜发现，现在的皮影戏之所以越来越不为大众所关注，主要是因为它仍在延续传统的制作方式，在人物造型方面没有大的变化，演绎的也多是传统的戏剧曲目，大多已不符合新时代的大众审美情趣。要想改变现状，那就需要从形象设计到剧目编排都进行全方位的改良，让皮影重新融入大众的娱乐生活。

"皮影是一种很有趣的文化，可以有很多种玩法。它其实离我们的生活很近，是触手可及的大众技艺，不应该被这么边缘化。"为了让皮影重新回到大众视野，牟茜做了许多的创新和努力。传统的皮影因形象过于古老而难以被大众接受，那就对形象进行改良，重新设计符合时尚潮流的造型；方言唱腔晦涩难懂，传统剧目已无法引起观众的共鸣，那就重新编写剧本，用传统艺术解读当代故事；表现形式单一导致吸引力减弱，那就从多角度拓展新的刺激点，探寻传统艺术价值之外的衍生价值。

牟茜选择了儿童教育作为让皮影戏重新焕发生机和活力的切入点，"传承，主要还是靠年轻的一代"。

在牟茜看来，皮影戏"舞台表演 + 工艺美术"的特点，让它具有较大的可拓展空间，可以开拓出一些新的戏剧形式来提高大众对它的接受度。抱着这样的思路，牟茜设计出了第一个创新型皮影产品——家庭皮影小剧场，把传统的皮影戏台改造成了轻巧便携的活动舞台，让孩子们在家里和课堂上就能亲身体会皮影艺术的魅力。足足进行了一年的产品打磨后，牟茜的家庭皮影小剧场荣获 2016 年"市长杯"创意中国 (杭州) 工业设计大赛创意组金奖。

为了进一步验证家庭皮影小剧场能不能受到小朋友的欢迎，牟茜在一位朱姓老师的帮助下，尝试开展以皮影为主题的实验课堂。实验课堂结合儿童拓展教育的特点，引导小朋友自己编故事、写剧本，自己设计角色，自己动手制作皮影形象，最后自己来演出，既让他们了解了中华民族优秀的传统文化，又在玩乐中开发与培养了他们的多元思维及实践能力。实验课堂十分成功，反响热烈，非常受家长和孩子们的喜爱。这使牟茜大受鼓舞，信心倍增，从文化传承和儿童教育相结合出发，设计研发了一系列皮影产品。

就这样，牟茜开始了她的皮影传播之路，皮影剧乐部的故事也从这里开始了。

坚守

牟茜的创业团队由四个为爱追梦的女生组成。第一个加入牟茜团队的是她多年的好友，也是她的高中同学。好友也是美术专业出身，是一个重情重义、不慕名利的人，在团队中主要负责设计工作；另外两位成员是牟茜的学妹，在团队中负责与课程相关的工作；牟茜则负责活动对接。四个人志趣相投，凭着年轻人勇于担当的情怀，携手走上了传承与延

获奖证书

续皮影艺术这条道路。

基于情怀的创业总是会多一些艰难。在最开始的几年里，皮影剧乐部一直在尝试和摸索，因此在很长的一段时间里，都面临着入不敷出的困境，但牟茜团队却并不为此而急躁。牟茜相信，她们一定会摸索出一条可行的路。"有人说情怀不能当饭吃，但人活着也不能只为了吃饭，当物质水平提高之后，我们还是要重拾文化和情怀，尽一己绵薄之力，续中华传统文化之脉。"牟茜说。

在这样的情怀和坚守下，牟茜为她的公司起名为"诠视"，意为"诠释—视界"。公司旨在转换传统的思维方式，以新时代的视角去诠释皮影艺术的价值，正如英文 transform（重组）、translate（转化）、transit（换位）的含义，透过多种方式来创造和结合，赋予皮影新的现代社会价值，让人们用新的视角去发现皮影艺术的魅力，让人们能随时、随地、随心地享受皮影戏这种"手上的动画"，让孩子们感受到传统文化的美妙。

为了支撑皮影剧乐部的发展，牟茜与团队还同时经营了一家设计公司，对外承接设计业务，其盈利用来反哺皮影剧乐部。在创业初期，为了解决资金问题，牟茜带领团队去参加各种设计大赛，当时获得的奖金加起来有 20 万元左右，让她们在很长一段时间里都不用再为资金发愁。而牟茜的母校中国美术学院也为皮影剧乐部的发展提供了许多支持与帮助。

所有的坚守都是值得的。经历了无数次的尝试与摸索，牟茜团队打造的创新型皮影产品逐渐成形并越来越成熟，皮影趣味课堂、皮影主题活动、皮影益智玩具等一系列产品以昂扬的姿态闯入人们的视野，古老的皮影艺术在时代色彩的装点下熠熠生辉。

部分西游主题作品

破局

　　皮影剧乐部早期的产品研发方向是符合时代潮流的新式皮影形象，例如专门为孩子设计的卡通皮影。皮影剧乐部时常有创新产品，但每每在推出之后，市面上很快就会出现抄袭品，而抄袭品因为没有高额的研发成本而售价低廉，反而挤占了皮影剧乐部的市场。产品被抄袭甚至剽窃的问题一度让牟茜非常困扰。该怎么办呢？

　　产品容易被抄袭，剧本却是抄不走的。表面上看，剧本免费而产品收费，但实际上真正有价值的是剧本，产品只是剧本的衍生物。

　　想通了这一点后，牟茜与她的团队开始将重心转移到了研发剧本和儿童美育课程上来。与孩子的交流是纯粹而愉悦的，"我喜欢跟孩子们一起玩皮影戏，他们会激动与兴奋，这是最原始的纯真快乐，也是我人生中的真实感"。

　　牟茜十分喜欢给孩子上课，孩子给她带来了许多灵感，皮影剧乐部的很多剧本都是从与孩子互动的过程中发展出来的。"孩子们真的是非常厉害的，他们不但能很好地理解你所教授的这些课程，还能很好地把它落实到位，甚至还能给你带来启发和灵感。"

　　在这样不断的互动与创作中，皮影剧乐部推出了一系列优秀剧本和与之配套的儿童美育课程，拥有了自己的核心竞争力，逐渐打开了局面。

　　在解决了产品核心竞争力的同时，牟茜又遇到了商业运营的问题。作为一名设计专业出身的创业者，牟茜承认自己没有足够的商业意识，当她还在纠结于一个好创意值不值得投入人力、物力去研发的时候，别人已经抢先一步推出了类似的创意产品并且在市场上收获了不错的反响。产品研发出来以后如何进行推广，也让牟茜很头疼。她与团队也曾经尝试过在抖音上进行营销，在一个月的时间里就积攒了近一万个粉丝，可是她们认为，这种纯粹以涨粉为目的的营销和她们的初衷背道而驰，反而限制了团队的创作激情。

　　于是，牟茜暂时放弃了在抖音营销的路线。在处理这些事情的过程中，牟茜变得更加有责任感，也慢慢懂得了如何做一名合格的团队领头人。

作品：二董廉政故事

皮影走进儿童教育

可期

　　自牟茜与皮影戏初见至今，已走过了十年光阴，皮影剧乐部也已成立七年，其间，牟茜由一个皮影"小白"成长为皮影文化的继承者和创新者，在她的带领下，皮影剧乐部克服了入不敷出、产权保护、市场运营等种种难题，慢慢从幼苗长成了小树，虽然稚嫩，却生机勃勃。

　　为了让文化传承和儿童教育紧密结合起来，牟茜和她的团队费了不少功夫。她们先是结合儿童课本和传统节日等改编剧本，接着根据剧本设计原创形象，再去琢磨现场表演的方式，以保证使儿童轻松理解并生发出兴趣。牟茜团队精心组织与策划了皮影进课堂活动，把皮影带到了孩子们身边，让他们亲自绘出皮影形象、编写剧本并完成表演，寓教于乐，受到孩子们的热烈欢迎。

　　目前，皮影剧乐部已与杭州市多所中小学达成了长期合作意向，让皮影文化美育课程走进了课堂。牟茜团队还把戏剧形象设计成了材料包在线上出售，皮影爱好者可以自己购买材料包自己线下制作，从而让皮影走进家庭。

以皮影的形式进行艺术创作

传承推广皮影文化

皮影设计制作

同时，牟茜与团队录制了线上课程，利用皮影拓展设计思维，教学生观察事物，引导他们利用花纹和皮影机械的小机关设计衍生品等，进一步拓宽了皮影文化的发展空间。

牟茜还把皮影课堂开进了中国美术学院寒暑假开办的面向儿童的游学项目——暑期毅行中，并广受欢迎。此外，牟茜与团队还以皮影的形式进行游戏创作，把古老的皮影艺术与现代技术融合在一起。

未来，牟茜打算将皮影剧乐部的课程推广到更多的学校，同时依托一些合作基础好的学校将皮影剧乐部的品牌打响，让更多的业内人士了解皮影剧乐部，为皮影剧乐部的品牌发声。在团队建设方面，牟茜计划一方面吸引更多的新鲜血液加入团队，另一方面加强与中国美术学院老师的合作，共同把皮影课堂推广开来。

"皮影是非常具有生命力的。"牟茜说，"我相信只要注入新的理念，开发出新的思路，皮影戏就能重新焕发生机和活力。"

一张稿纸一支笔，一把刻刀一张皮，一盏明灯一个盒子，只为画出孩子们的童年，只为刻下亲情的温度。有这样一群年轻人，始终穿梭在光与影的斑斓中，传承着不一样的皮影文化。

王柏寒　IMPLEMENT
& INNOVATION

向阳而行

毕业于中国美术学院工业设计学院工业设计系
卯知文化创始人
MOZI DESIGN 主要设计制作家具、文创礼品、家居用品和
创意饰品等，有原创设计产品近百项，其中多项产品已申请
并获得外观设计专利。设计作品曾在"伦敦设计周"展出，
曾获得"当代好设计""DIA 中国智造"等奖项

坐落于杭州市富阳区富春硅谷的杭州卯知文化创意有限
公司，是中国美术学院工业设计学院工业设计系 2017 届毕
业生王柏寒白手起家创立的一家家居原创设计工作室。

"卯"，既是榫卯，亦是十二时辰中破晓时分的"卯时"，
寓意生机勃勃的一天的开始；"知"则代表了对新知识的不
断探索和学习。顾名思义，"卯知"指的是通过富有朝气和
活力的设计语言，赋予以传统榫卯为主要结构的实木家居产
品新的生命力。其中既蕴含了王柏寒对我国传统榫卯技艺难
以割舍的情结，也寄托着他对新生事业的期望，以及为了实
现这个期望而不断前行的决心。

在这个信念的支撑下，卯知走过了风风雨雨的四年，也
搭建起了自己的品牌框架，拥有了自己的核心产品，宛若一
轮生机勃勃的朝阳，在家居界冉冉升起。

桌面收纳产品成品图

不断尝试，找准市场空白点

　　王柏寒的创业之路可以追溯到他的大学时期。王柏寒是一个有想法的人，进入中国美术学院学习后，他很快就认识到了学以致用的重要性，于是入学第一年就找了一间画室一边学习，一边实践。在画室待了一段时间后，他发现这个工作和他想做的实践积累不太一样，于是在大二的时候，他对实践的方向做了调整。这一次，他选择了与朋友一起打造纯实木的家居原创设计品牌。

　　这是一次创业性质的学以致用，王柏寒和朋友以实木大件家具及小摆件的设计、生产与销售为主，对餐盘及其他一些门类的文创产品也有所涉猎。在首次创业的过程中，王柏寒逐渐认识到产品定位的重要性。

　　2018 年，从中国美术学院毕业后的第二年，王柏寒正式创立卯知文化创意有限公司。公司成立以后，如何进行产品定位是首先需要解决的问题。

　　古语有言："人满之地常为患，无人区里任纵横。"有了大学时期的创业经验，王柏寒深刻地认识到，"红海"市场虽然让人眼热，但"蓝海"市场有着更多的机会，对于一个创业者来说，找准市场空白点，然后"乘虚而入"，尽快站稳脚跟，是创业成功的关键。为了设计出更符合市场需求的产品，王柏寒一边做市场分析，一边不断地推出不同的产品测试市场。

就这样，创业前期，在"广撒网"式的发掘中，王柏寒发现，在桌面收纳领域，针对女性的高端收纳产品市场还处于空白，没有品牌去满足这一品类的需求。于是，经过反复的市场调研后，"女性高端收纳产品"成为卯知初期的主打产品。

事实证明，王柏寒的这个选择是正确的。继"女性高端收纳产品"打下了一个良好基础之后，卯知在桌面收纳这个领域逐步发展起来，目前旗下已拥有木器类的"MOZI木心手物"和木饰类的"与木成说"两个子品牌，并占有了一定的市场份额。

有趣又有用

"有趣又有用"，是卯知的设计理念，即产品要集高颜值、趣味性、实用性于一体。

刚做产品时，王柏寒的注意力就集中在功能性上，制作具有强大实用功能的高质量产品是他一直以来的目标。如今人们在工作上越来越依赖电脑，由于长期伏案，容易出现脖子酸痛、头晕、头痛、视力模糊等症状，甚至患上颈椎病。依赖电脑工作的人组成了一个庞大的群体，有着巨大的市场空间，针对这一群体，卯知开发出了显示器增高收纳架系列产品。

顾名思义，增高和收纳是该产品的基本功能，其中，"增高"能有效缓解电脑使用者的颈椎压力，"收纳"解决的是因显示器占用大部分空间从而导致其他办公用品不好收纳的问题。"增高"和"收纳"的有效结合，大幅提高了产品的实用性，深受广大消费者欢迎。目前，显示器增高收纳架已成为卯知的主打产品。

关于公司未来的发展方向，王柏寒计划慢慢进入儿童桌面收纳领域，这也是一个侧重于实用功能的方向。王柏寒做出这个选择是基于以下两点原因。

一是顾客群体的重叠性。卯知服务的人群主要是白领女性，而这类人群中有很大一部分是孩子的母亲，一般而言，孩子的生活和学习用品基本上都是由妈妈购买的。妈妈们购买了显示器增高收纳架后觉得很好用，复购之后的晒图反馈里很多都

显示器增高收纳产品展示图

是买给孩子使用，并且孩子使用后的反馈也很好。王柏寒抓住这个突破点，把目光投向了儿童桌面收纳领域。

二是足够的儿童家具行业经验。王柏寒的"黄金搭档"吴建国之前在儿童家具行业工作，非常熟悉这个市场。他发现很多客户需要的并不是一个完整的学习桌，可以自由增添到普通桌子上的功能部件更符合他们的需求。

此外，卯知现有的非主流产品线也是以实用功能为主，例如洞洞板、笔盒和磁吸记录板等各类桌面收纳摆件。

同时，作为中国美院学子，王柏寒对产品的外观设计也有一定的审美追求，因此，卯知的产品颜值都很"扛打"。这一点也很符合卯知"女性高端收纳产品"的定位，很多女性顾客都是先被卯知产品的外形吸引，进而爱上它的实用功能。

因为产品颜值高，还发生过一件趣事。2021年，有一个女生购买了卯知一款外观精美的价值三四百元的显示器增高收纳架后，又花费9000元购买了包括显示器、电脑主机、耳机、键盘等在内的一系列粉色系高颜值电子产品，原因竟然是"突然觉得自己的生活品质要提升一下"。

桌面收纳产品展示

很多顾客在电商平台的返图评论里都提到，用了卯知的产品后，"感觉心情美美的，工作一天都很舒服"。这令王柏寒十分欣慰，原来，在不知不觉间，自己设计出的有趣又实用的产品，给许多人带来了好心情。

目前，卯知正在迭代显示器增高收纳架的款式以适应不同的使用场景，并紧跟时尚潮流，开发出了多个热门色系。

深耕品质，贯彻始终

深耕品质，是卯知贯彻始终的原则。

产品是躯壳，质量是灵魂。随着同类产品的涌现，卯知面临的市场竞争愈加激烈，如何讲好功效性产品的差异化故事，成了卯知破局的关键。

以质取胜和先驱设计是王柏寒的应对策略。相较于其他同款产品，卯知的价格虽然略高，但这是保证高质量的必然结果。卯知的产品均选用欧洲进口榉木作为主体材质，环保耐用的纯实木没有刺激性气味，带给人长久健康的陪伴；加厚实木的承重能力更好、更安全；钣金配件的每一个边缘均做了折边处理，在增加承重能力和稳定性的同时，也使产品的手感更加圆润。一分价钱一分货，这些精益求精的细节处理，让卯知的产品成本高出同类产品一大截。

"归根结底，我更倾向于把产品做好，然后价格也比较合理，而不是通过所谓的设计去给它增加印象分。产品卖得好，是因为品质好、设计好、售后好。"王柏寒说。严格的品控让卯知的产品在激烈的市场竞争中脱颖而出，打造出了良好的口碑，其淘宝店铺位列 2022 年淘宝高颜值收纳店铺榜回头客榜第九名，很多顾客都认可卯知的出货率和品质。

为了进一步提高产品品质，在材质方面，卯知匠心独运地采用"实木 + 碳钢"的组合，在提升产品耐用度的同时降低了可复制性，做到了"人无我有，人有我优"。市面上很多增高架做工粗糙、承重性差，时间久了会出现中间隔板弯曲甚至腰塌等问题，导致上千元甚至上万元的显示器或电脑跌落，屏幕破损。卯知另辟蹊径地采用了加厚中碳钢层板折弯工艺，保证增高架持久支撑不变形。

王柏寒工作照

创业初期，王柏寒做的收纳类产品大多是纯实木的材质，属于"红海"领域，各家公司竞相压价竞争，已经很难寻得突破，产品即便再有新意，想要提高市场占有率，也只能打价格战，创新也就失去了意义。后来接触到钣金材质，王柏寒和吴建国便尝试将其与产品结合起来，走出一条新路。

材质单一的产品很容易被人仿制，但当材质有所区别后，这个风险便大大降低。吴建国曾从事过儿童家具设计工作，非常清楚产品的安全性是家长最在意的问题之一，他从钣金与实木相结合的学习桌上汲取了灵感，决定让卯知的产品切入"实木 + 碳钢"的方向。碳钢材质具有承重性强的特性，表面也可以涂上个性化的颜色，让产品外观更为简约时尚。实木与碳钢两种材质"强强联手"，既让做纯实木产品的人无法轻易模仿，也让做纯碳钢产品的人束手无策，同时还能进一步提升卯知的产品品质，可谓"一箭三雕"。

"1+1 > 2"

在创业之初，王柏寒一个人撑起了整家公司，从产品设计到出图，从摄影到修图到店铺上架、运营，都是他一手包办，所有的业务环节他都了然于心，这为他成为一名合格的企业创始人打下了坚实的基础。但是，个人的精力是有限的，企业要想进入良性可持续的发展轨道，必须建立起一支优秀的人才队伍，让专业的人做专业的事，提高企业运转效率。

从上大学开始到现在，王柏寒一直奔走在创业的路上，他没有在建制完善的公司体系中工作的经历，因此缺失了相关方面的经验积累。此外，虽然运营和销售是王柏寒的强项，但在专业的视觉设计上他尚有不足。对于自己的短板，王柏寒有着清醒的认知，因此他非常渴望能招募优势互补的人才加入他的创业队伍。

吴建国是王柏寒在中国美术学院工业设计系的同班同学，2017年大学毕业后，他进入了一家儿童家具公司工作，但极有主见的他还是希望能和志同道合的朋友一起创业。2020年，两个同样不喜欢朝九晚五生活的人就像天生互补的一对拉链，一拍即合，成就了一段创业佳话。

"在创办公司的很多时候，用一句话来形容，就是'戴着镣铐跳舞'。"吴建国如此形容创业。一家公司是由品牌部、销售部等多个部门组合而成的，评估一个方案时，每个部门都会提出自己的意见，方案经常被改得面目全非，设计师的想法和方案也因此常常无法真正落实。这也是吴建国最终决定离开儿童家具公司，选择和王柏寒一起创业的主要原因。

而创业虽然能提供较大的自由度和成就感，但由于没有健全的公司体系做支撑，设计师不能仅仅只是做好产品设计，还需要考虑诸如品牌建设、成本把控、后期包装、视觉优化、售后服务等一系列问题，这对吴建国来说，是挑战，也是快速成长的机会。对于在儿童家具公司工作的时光，吴建国深怀感激之情。三年里，他跑过很多项目，熟悉了设计产品的整套流程，这些宝贵经历为王柏寒提供了不少有价值的借鉴。

吴建国加盟卯知后，因为同为设计专业的关系，他和王柏寒两人默契十足，许多事往往心照不宣便能相互配合、妥善处理，在讨论创意点子时，甚至可以不画草图就能领悟对方的意思。当然，两人之间也会因为意见不合而产生矛盾冲突，但他们的终极目标都是期望品牌

合伙人吴建国

越来越好，把产品做到极致，因此冲突非但不会影响两人之间的默契，反而更有利于品牌的成长。当两个人对产品有不同的优化想法时，他们就会把两种方案都打样出来，实际上手体验后再从各方面进行评估，再决定最终的优化点进行落实。

在分工上，王柏寒负责店铺整体的运营方向和风险的把控，吴建国负责实现方案的优化落地及产品和店铺的视觉设计，两个人优势互补，携手共进。

一只木桶想要盛满水，每块木板都必须齐平且无破损，如果这只桶的木板中有一块不够高或者某块木板下面有破洞，这只桶就无法盛满水。也就是说，一只水桶能盛多少水，并不取决于最长的那块木板，而是取决于最短的那块木板。做产品亦然。设计、视觉制作、运营、销售、发货……每一个环节都是木桶上的一块板，任何一块板都不容缺失和忽略。王柏寒和吴建国一起努力，补足了木板上的每一块板，现在他们正齐心协力地把整个木桶做大做好，发挥出"1+1 > 2"的整体优势。

成为一条指数曲线

滴滴出行创始人程维说："创业就是在半夜推开一扇门，走一条看不见的夜路，只有走出去你才能知道有什么问题，这对于心力、脑力和体力都是挑战。"创业的道路从来都是布满荆棘的，但勇于直面挑战，收获也是巨大的。

创业带给王柏寒的最大改变是他变得更加开朗自信。在公司里打工，只需把本职工作做好；在创业的道路上，需要自己面对一切，但也能使一个人快速成长。王柏寒很感谢之前的创业伙伴在工作方式上带给自己的启发，也非常感恩现在合作的一家钣金厂，在卯知没有多少订单量的初创阶段也愿意小批量制作产品。正是前期得到点点滴滴的好心支持，卯知才能够一步步成长起来。

对于创业，吴建国认为，设计系学子的专业能力是绰绰有余的，创业者要面临的最大困难并不在于设计，而在于从设计思维到销售思维的转变。如何把一个想法落实成一件商品，再把商品推销出去；在销售的过程中如何把用于流量付费的钱赚回来……这些问题会迫使创业者去汲取很多运营知识和销售知识，甚至交了很多学费后才能慢慢摸索出合适的路径。

因此，如果有创业的想法，可以在大学就读期间就注意培养把想法转化为产品的能力，学习并掌握一定的销售知识，学会站在销售端把用户需求和卖点融入产品设计中，为创业后做出真正的好产品打下基础。

对于有创业想法的学弟学妹们，吴建国和王柏寒提出了两点宝贵建议。

一是善于去做一个 T 形人才。T 中的横表示有广博的知识面，竖表示具备知识的深度，精通某一个行业。T 形人才是一种刚柔相济的优化结构人才，不仅在横向上具备广泛的一般性知识修养，在纵向的专业知识上也具有深刻又独到的见解。有创业想法的同学，无论所学为哪个专业，在学深、学透本专业的前提下，都可以尽量多地去涉猎不同领域的知识，同时从深度和广度上提升自己的能力。

二是作为设计师，要学会成为一条指数曲线。指数曲线的特点是前期增长速度很慢，但过了拐点后就会出现爆发式的飞跃。同理，做一件事情时，起始阶段千万不能浮躁，要先把握住事情的本质和原理，有了量的积累才可能迎来质的突破。前期的学习都是枯燥乏味的，这个时候不能灰心，要相信付出总会有回报，学习到的知识一定会成为后期腾飞的牢固支撑。

在创业过程中，要始终保持独立清醒的判断力，不盲目跟风。我们真正追求的是事情背后最本质的东西，是我们真正应该去做的事情，而不是被眼前的各种信息牵着鼻子走。

刘潇

坚定行走在自己的路上

毕业于中国美术学院雕塑与公共艺术学院雕塑系

四喜器物工作室创始人，工作室致力于空间美学设计，以国风美学中的审美趣味为出发点，提炼传统元素，融合时尚潮流，开发功能与美学相结合的铜文创产品

2020 年创立艺术品牌"四喜器物"，其作品被国内外藏家购买和收藏

《易经》有云："形而上者谓之道，形而下者谓之器。"在中国古代文化中，"道"与"器"是一对重要范畴。古人造物，崇尚"以文入器，以器载道"，善于把对自然、社会和生命的理解，融入特定的形态语言之中，以达到"天人合一"的意境。

器不只是屋宇内陈设的实用之器，更是载道之器，从器物的神形中可以体悟中国传统的美学意蕴。日本美学家柳宗悦在《工艺之道》中说："良器能纯化周围的一切，人们的心慌意乱，也能因此而心平气和。若没有器物之美，世界将一片荒芜，杀心四起。"

四喜器物工作室创立的目的正是如此，它把文化和生活一并装入富有传统美感的器物中，给在现代社会中拼搏的人们一个安放本心的空间，让他们得以休憩片刻。

随着经济社会的持续发展，人们的消费水平不断提高，日常生活审美化成为时下的风潮。在生活美学蓬勃兴起之时，四喜器物发掘出传统文化在当下生活空间中的无限可能性，以国风美学的审美趣味为出发点，将传统元素与时尚潮流相结合，开发出符合现代审美的新国潮雅物。

四喜器物创始人刘潇戴着粗线条的黑框眼镜，穿着休闲服，身上洋溢着青春的气息。也许是因为常年与器物打交道，刘潇将自己的青春贮藏在其间，让时光的脚步在他身上变得格外缓慢。

在同系朋辈纷纷改行的大趋势下，他反而逆流而上，坚守在自己所热爱的雕塑领域。

以器载道，凤成河山

在中国美术学院雕塑系九年的学习生涯，促使刘潇走上了雕塑艺术创业这条少有人走的路。其实刘潇在读研期间学习的主要是装置艺术，他所在的第二工作室，是雕塑系所有工作室中与雕塑距离最远的工作室。装置艺术是当代艺术下的一个门类。因此，刘潇从事古法雕塑创作，可以称得上是一次小小的改行。

2018年从中国美术学院毕业之后，趁着刚迈入社会的那股子热乎劲儿，刘潇给自己制定了一个为期两年的小目标：去做一个自由艺术家。由于没有经济来源，生活难以为继，一年半以后，刘潇不得不放弃了做自由艺术家的梦想，转而走上创业的道路。

当时刘潇身边有很多朋友也在创业，有朋友建议刘潇做雕塑产品。经过初步调研，刘潇也觉得这个方向可行。后来在一次朋友聚会上，一个做线上运营非常出色的朋友给刘潇看了一些目前市场上流行的雕塑产品，刘潇觉得这些产品都偏工艺化，他如果要做的话，产品肯定要比这些好。刘潇和朋友两人一拍即合，决定合伙创业，一个负责设计创作，另一个负责排版运营。刘潇很快做出了第一件雕塑品。

这一年，是2020年，从这个时候起，刘潇的创业开始迈入正轨。

刘潇把工作室命名为"四喜器物"，这个名字就像刘潇的为人一样温暖而朴实。以"器物"冠名之，是因为刘潇希望自家的产品能与生活发生切实的关联，成为集

产品细节展示

视觉审美与实用于一体的存在；取名为"四喜"，是因为适合雕塑的材质并不多，屈指可数。

说到此处他稍微顿了顿，脸上浮现出腼腆的笑容，接着说道："'四喜'其实还有一个意思。从创业开始，我女朋友就一直默默地在身后支持我。她的小名叫'丸子'，身边的朋友就顺势给我起了个外号'四喜'。"如此看来，"四喜器物"还是刘潇和女朋友之间爱情与事业的双重见证。

关于艺术创作成功的要素，刘潇认为，首先，作品要有思想深度。通俗来讲，就是一件艺术产品需要达到他人无法完全看懂的层次，这是它维系自身高位的根本支撑。其次，作者要在经济方面有一定的自由度，能够自给自足。生计是艺术家们在进行艺术创作时无法逃避的现实问题。

在那些大家耳熟能详的大师传记中，我们总能见到大师们因苦难而成就自我的励志情节。然而，苦难并不是艺术的福音，万事万物都可以是艺术的源泉。海明威与第一任妻子定居巴黎时，日子过得穷困潦倒，经常吃不起饭，肚子饿得受不了的时候，他甚至会去卢森堡博物馆看塞尚的油画来"充饥"。尽管在此期间诞生了他的杰作《太阳照常升起》，但在多年以后海明威还是认为，稳定的经济和规律的生活才更适合写作。

在刘潇看来，艺术与商业之间并不存在难以逾越的鸿沟，两者反而能互相促进；对于艺术家而言，谈钱并不是有辱斯文的事情，艺术品一半是传承，一半是商业，当艺术与商业实现平衡的时候，就会和社会产生有效联系，艺术也能更好地被传承。

刘潇的铜塑艺术品对古代技法进行了复原与传承，这是刘潇艺术家人格中自信

纯铜雕塑《凤成河山》

的体现。他的想法非常纯粹：既然决心要成为一个艺术家，那么就得全身心地投入进去，不撞南墙不回头，即使回头也永不后悔。

为了让作品能呈现出最好的视觉效果，在创业初期，刘潇独自一人跑到上海，找到拥有全国顶尖铜艺术品的紫鼎艺术公司商谈合作。凭着对雕塑艺术的独到见解和不达目的不罢休的坚持，刘潇顺利地和紫鼎艺术公司建立了合作关系。从着色到后续制作，刘潇跟着工厂一步一步见证了自己第一件纯铜作品的诞生。

这一次的成功合作也为双方此后多年的合作奠定了良好的基础。后来在刘潇的引荐下，紫鼎艺术公司甚至把工厂搬到了杭州。

刘潇把自己的第一件纯铜作品命名为"凤成河山"。那是一只身姿优美的凤凰栖息于地，伸颈昂首望，身后的凤尾如波浪般向前舒展成群山。凤凰涅槃，终成河山，刘潇的事业也是这样在摸爬滚打中蜕变、新生的。

刘潇的作品总是不乏知音，让他印象最深的是他的第一位顾客，因为对他来说，这个人甚至起到了伯乐般的作用。

时逢中国美术学院组织南山艺市，刘潇也抓住机会去参加了。当时他只有五六件作品，其中可以量产的只有一件，其余的都是石材与铜做成的孤品。第一次参加这种线下活动，刘潇没有任何经验，就把作品随意摆放在两张桌子上。看到别人的摊位布置得精致又漂亮，初出茅庐的刘潇内心特别慌张，对能不能售出作品一点底气都没有。

没想到有一位阿姨看到他的作品后特别喜欢，还把她的丈夫和孩子们都叫了过来，最后这家人每人都挑了一件作品买了下来。因为雕塑材料昂贵，刘潇的作品售价并不便宜，少则三四千元，多的甚至在万元以上，而他因为没有经验，也没有给作品准备包装，但阿姨和她的家人一点都没有犹豫，也没有讨价还价，其中一件特别重的作品还是他们自己抬走的。

第一次参加集市就遇上欣赏自己作品的人，让刘潇对创业信心大增，这也给了他极大的鼓舞，让他更加坚定了创业的决心。刘潇和这位阿姨的缘分并没有就此中断，而是一直延续了下来，阿姨还把刘潇推荐给了自己的朋友。和阿姨熟识后刘潇才知晓，原来阿姨的儿子也是一名设计师，因此他们家庭的艺术氛围特别浓厚，也识货懂货，能透过产品的外形把握住其真正的美。刘潇由衷地感谢这位阿姨，以及中国美术学院给广大学子搭建的平台。那次南山艺市结束后的兴奋心情，他如今仍记忆犹新。

四喜器物的产品目前以线下售卖居多，线上开设的淘宝店铺主要用于向顾客展示作品，毕竟艺术品还是需要面对面地直接欣赏，才能真正感受到它的美学价值。新冠疫情对刘潇的事业造成了不小的影响，线下活动的减少令经济效益大幅降低。但刘潇并不认为这是多大的困难，他相信只要有人喜欢自己的作品，市场就依然存在，而且他对自己的作品充满信心。

自从刘潇按下创业的开关，一路行来，困难也一直伴身随行，社会经验不足、毕业之后面临身份转变的茫然，加上不会运营、不会推广、缺少与工厂合作的经验……最初，刘潇也质疑过自己有没有走对创业的道路，但在创业的过程中，就是这样把无数"不会"变成"会"，刘潇修炼出了强大的精神内核，在艺术和商业之间开辟出了一条康庄大道，并且走得愈发坚定。

古法铜器，匠心温度

对于雕塑产品材质的选择，刘潇有着诸多考量。雕塑的材质有很多种，比如琉璃、石头等，但作为一种产品，它首先需要有质感，能唤起人们内心深处不一样的感觉。

作为传统工艺中举足轻重的材质，铜在中国人的心目中占据着先天高地，从商朝的青铜器开始延绵至今，积淀下了深厚的文化底蕴。而石材雕塑从某种意义上讲，是不算产品的，因为它们无法复制量产，每一件都是孤品，再加上它们制作周期长，在有限的时间内产量较低。综合考虑之后，刘潇确定以青铜雕塑作为四喜器物的主打产品，同时探索使用琉璃、陶等其他材质的可能性。

坚持以古法失蜡法铸造产品是四喜器物出品的一个突出特点。古法失蜡法铸造的产品需要经过手工泥塑、打磨、精修、手工热着色等 17 个步骤 60 多道工序方能成形，并用全手工热着色为其上色。青铜器的铸造史可谓是一部古代工匠们前仆后继的创新史，从分铸法的发明和不断改良，到失蜡法的发明，青铜铸造技术是一代代工匠的智慧结晶。

可惜随着时间的流逝，许多古代工艺逐渐失传失真，现在保留下来的技术已完全无法与旧时相比。在工业时代，制造产品往往需要追求利益的最大化，因此常常使用流水线作业，往往需要舍弃一些对品质的追求。为此刘潇要求自己的工作室尽量克服失蜡法目前存在的一些问题，积极与工厂交流，通过调控铜的比例来调整颜色。

不同于我们以往印象里因年代长久而粗糙风化的青铜文物，抑或是泛着高饱和度金属光泽的现代雕塑，刘潇的青铜雕塑周身流淌着如玉石般温润的光泽，这正是失蜡法的魔力。

市面上常见的铜塑一般会用工业喷漆来解决表面变色问题，经过处理的铜塑颜色不会再改变。采用失蜡法铸造出的青铜雕塑，铜本身的"活气"被薄薄的蜡层封住，不仅能保持颜色的鲜明，并且时间越久会越润亮，还能在不同光照环境下呈现出变幻莫测的色彩。

古法铜器的工艺流程

玉一般的润泽，正是刘潇一直提倡的手工打造所带给人们的最好礼物，相较于流水线产品，用古法制作出来的产品总蕴含着粗颗粒感的手工温度。尽管手作在市场上长期处于非主流的位置，但现代人的审美在逐渐丰富和细化，手工制品也被越来越多的人所喜欢，温州青灯市集、苏州本色市集这类线下活动应运而生，各路民间手工艺者汇聚在集市上展示他们的作品，颇受人们的欢迎。此外，手工制品市场还存在一些固定的消费人群，比如开古风民宿的老板和传统文化的热爱者，都偏好契合自己个性又富有艺术张力的产品。

如果说 20 世纪消费文化的背后是泛滥成河的复制，那么到了 21 世纪，人们更愿意且更有能力去追求个性化的自由表达。

本雅明在《机械复制时代的艺术作品》中提出，艺术作品在原则上总是可复制的，人所制作的东西总是可被仿造的，但是即使在最完美的艺术复制品中也会缺少一种成分：艺术品的即时即地性，即它在问世地点的独一无二性。唯有借助这种独一无二性才能构成艺术品的历史，赋予它们受人尊敬的"光韵"。但无限"繁殖"的机械复制技术打破了传统艺术的原真性，使艺术品丧失了原有的"光韵"，艺术创作与文化工业生产紧密结合，深嵌进社会的肌理。

而刘潇一贯坚持艺术的独特性，他的雕塑大多为孤品，或者限制版数。不仅如此，他还积极地在中华传统文化的丰富资源宝库中寻找灵感，从中提取国风美学理念，把个人的经历和情感融入作品，形成自己的风格。例如以《千里江山图》为灵感设计出山形的笔搁香插，以中国神话传说中的独角神兽角端为原型设计出小香炉、栩栩如生的九色鹿摆件……中国传统文化的意境与写意手法有着与西方艺术截然不同的独特性。

对古典技法的精益求精，对中华传统文化的深耕挖掘，再加上当代人审美的觉醒，让刘潇的作品比同类产品具有更多的差异化优势，因此他的作品在市场上反响良好，甚至有国外的藏家前来购买。

艺术品的交易是一个双向反馈的过程，艺术品的美的价值通过藏家的肯定推向市场，而好的藏家犹如一面镜子，能映照出作品中存在的不足，从而反复鞭策刘潇时刻审视自己。

刘潇与合伙人从骨子里都对中华传统文化有着强烈的热爱和认可，因此对传统

作品《喜柿连连》　　　　　　　　　　　　　　　　　　　作品《吟》

技法进行了深入的探索，未来他们会继续向着国潮方向进军，以传统文化为基石，探索传统技法在当下社会环境中传承和延续的可能性。

　　器物不是徒有其表的冰冷摆件，而是寄存了每一位工匠日日夜夜设计、浇铸和打磨时手掌心里传递出来的无限热量，因此不论时光如何流转，也无损于它们的容颜，反而更添一份陈年的美韵。

　　古人之法，今人之造，刘潇就像一位跨时空行者，传统的手艺在百年又百年的岁月淘洗中被他轻柔地捧起，并用无数心血浇灌它，让它绽放出一朵朵美丽的花，从而使传统艺术的生命得到另类的延续。

九年美院，一生坚守

　　别看现在的刘潇事业做得风生水起，其实他在研究生阶段的时候也曾迷茫过，感觉自己每天什么也没有做，甚至对当代艺术产生了些许偏见，不知道它的意义、用处何在。导师班陵生一语点醒了他："不要闲，你要先去做，不管是做什么东西。"

于是刘潇就着手去做，每天强迫自己去工作室。逐渐地，他发现自己做着做着，很多灵感自然而然地就出现了。所以说，人不能就地"躺平"，哪怕只去做一件小事，在行动期间，你也能收获很多。价值往往在行动的过程中才会浮现出来，光思考不实践，或者思考得多行动得少，最后都会落入无从下手的境地。

复盘刘潇的创业历程，他先是通过在中国美术学院的专业学习积累了足够丰富的专业知识，虽然中途他曾陷入迷惘怀疑的虚无陷阱，但很快就被导师拉了出来；振作起来后，他发现了不一样的东西，找到了一条适合自己的道路；随后在路口遇到了"引路员"阿姨，给予了他许多市场信息，由此他也变得更加坚定。

刘潇一步一个脚印地行进，路途中也遇到了许多热心施以援手的贵人，他真心地感恩所有帮助过自己的人。铜是一种坚韧又柔软的材质，它色泽鲜亮、可塑性强、耐磨耐腐蚀，而刘潇就如铜一般，有着润泽深沉的底色，在塑造器物的同时，他也在塑造着更好的自己。

说起四喜器物未来的发展，刘潇的眼中闪耀着点点星光。在刘潇的内心深处始终藏有一个遗憾，那就是雕塑系的很多同侪由于种种原因不得不转行，浪费了他们精湛的手艺。有些同学去画室当了老师，虽然过着朝九晚五的稳定生活，但内心仍有梦想，还想着回归雕塑行业。刘潇提议他们可以趁着工作之余创作一些作品，自己也愿意为他们提供平台来开发产品。刘潇计划建立一个平台，希望通过这个平台让诸多优秀的中国美院毕业生能输出自己的产品并获得实实在在的收益。

刘潇知道，要达成这一目标可能需要 10 年、20 年甚至更久，但他相信，只要去做了就总有可能会实现。作为在教师家庭里成长起来的孩子，刘潇也曾被父母要求从事一份稳定的教师工作，但他有成果和底气证明自己能行，父母看到了他做出的成绩，也就不再提起此事。

自己淋过雨，总想给别人撑把伞，因为品尝过抉择的苦痛，刘潇才总想着给学弟学妹们提供一些切实的帮助。试想如果有一间很大的工作室，能吸纳很多同学与艺术家来创作，那会是一件多么幸福的事。

在中国美术学院求学的九年时间里，许多人事物都令刘潇获益匪浅。在校期间，他从老师和同学身上学会自我消化负面情绪，学会在挫折中升华精神，学会审视自己、塑造自己，这些都是课本中无法学到的东西。在创业的起步阶段，母校的老师给他提供了很多帮助，经常推荐他参加各类活动，比如艺术展览、创业讨论会等。

"落其实者思其树，饮其流者怀其源"，针对愿意进入相同领域的美院学子，刘潇慷慨地分享自己的经验：重中之重是把主要精力放在专业学习上，要刻苦钻研；学习期间不用考虑太多，先按部就班地做好该完成的事情，学好专业才是正道，把基础打好了，以后才能抓住更多的机会；有了足够的专业技能，会有大把的时间让你去尝试，这时就可以多去参加一些社会活动，提升其他方面的技能。

卡斯帕·大卫·弗里德里希有一幅画作《雾海上的旅人》，画面中的男子拄着手杖，立于山巅眺望，卷曲的头发在风的吹动下轻微摆动，脚下的雾气汹涌翻滚成一汪海洋，远处的天际流泻出绰约的霞光。

刘潇就犹如画中的这位旅人，漫游于雕塑艺术的山间，茫茫云气隐藏了原野大地，遮蔽了悬崖峭壁，一切的困烦都烟消云散，眼前唯有光明的远方。他坚定地行走在自己的路上，不卑不亢不自叹，一生热爱不遗憾。

罗振波　

垚兮垚兮，累土成歌

毕业于中国美术学院手工艺术学院陶瓷艺术系

垚兮陶艺工作室主理人

陶瓷艺术家

　　初次与罗振波见面，是在他所任教的杭州云谷学校里。在采访的过程中，他的脸上始终洋溢着真诚而朴实的笑容，令人倍感温暖。罗振波是云谷学校的一名小学美术老师，与此同时，他还是一名手工创业者，他与妻子一起经营着一家名为"垚兮"的文化创意公司。

　　说起公司的命名，罗振波的眼中闪烁着爱的光芒。他告诉记者，"垚兮"是自己孩子的名字，满载着自己与妻子的生活与诗。无论是在求学时期还是如今的创业阶段，罗振波都热衷于对陶艺的学习和思考。

　　三土为垚，凯歌叹兮，接下来我们就以这个独具匠心的名字为索引，走进罗振波的创业故事。

孕育培植，为创业积蓄势能

土，善培育万物。罗振波的创业之路，也恰巧有着同样的特征。

走进他现在工作的校园，映入眼帘的便是墙壁上那绚烂多彩的"敦煌"主题壁画作品。四四方方的画板上呈现出的图案，有的是裙裾飘逸的古代女子，有的是气韵淡雅的莲花，有的是大气磅礴的山海，有的是炊烟袅袅的小屋……这些美术作品，便是罗振波与同学们的奇思妙想。他说："我会先给同学们讲敦煌壁画的故事，再给他们展示壁画的照片，最后才让他们根据自己的理解进行创作。我鼓励他们发挥自己的想象力！"

随后，他又带我们来到学校的文化长廊。在这里，一些更具巧思的美术作品吸引了不少路人驻足欣赏。他向我们介绍道："这是以'门'为主题的系列泥塑作品，同学们在其中添加了很多创意元素，让我觉得很惊艳。"其中，中式木门、石库门、法国凯旋门及造型各异的结合了中西特点的门依次排列着，在阳光下熠熠生辉。

工作室品牌   罗振波工作照

可以看出，作为一名教师，罗振波悉心栽培祖国的花朵们，同时又从充满童真与创造力的孩子们身上获得了满满的触动与成就感。他笑着说道："这个互动的过程，或许就是所谓的'教学相长'吧！"

他认为从事教育这件事情，其实也是在为自己的创业积攒能量。在学校除了上课，他的大部分空闲时间都沉浸在陶艺的世界里："我每周有十节课左右，每节课四十分钟，其他时间我可以干点自己的事情。"

陶艺是罗振波的一个精神小天地，闲暇时他很喜欢待在陶艺工作室。云谷学校的许多其他任课老师也喜欢在课余时间到他那去喝喝茶、捏捏陶，可以放慢时间，缓解压力。云谷学校作为一所重视艺术教育的小学，给了作为美术老师的罗振波施展拳脚、大放光彩的空间。罗振波骄傲地说："我们学校没有什么主科、副科的说法，每个学科都是平级关系。"同时，学校非常支持罗振波在陶艺上的发展，愿意投入资金成立陶艺工作室；作为回报，罗振波也努力通过办展览、参加比赛等方式将教学成果展示出来。

罗振波与陶艺结缘，最早可以追溯到他填报高考志愿的时候。作为美术生的他，在高三的时候，和大部分同学一样懵懵懂懂，没有想过未来会做什么。对于为什么会在填报高考志愿的时候选择陶艺专业，他解释道："当时想着，陶艺应该比较冷门，于是我就报了。"虽然说得轻松，但要考上中国美术学院并不容易。必须考上的决心和日复一日的学习积累，让罗振波最终在考场"爆发"，考上了梦想中的学校，迎来了多姿多彩的大学生活。

经过本科四年的努力学习，罗振波的毕业作品《溯源》别具一格，让人眼前一亮。《溯源》源自"空间"二字："世间万事万物都是由点、线、面构成的，作品中只要包含这三样最基本的元素就会丰富起来。"基于上述思路，在设计毕业作品时，罗振波利用点、线、面将自己对空间感的理解呈现了出来。

听起来或许简单，但这个过程却并非一帆风顺，波浪如何做得自然、一根线如何安置、面与面如何协调……这些问题都需要花时间和精力去思考和解决。罗振波怀揣着匠人精神，用手上的工艺一点一点最终打磨出了《溯源》这一系列作品。

他不断将对空间的思考和自己的情绪通过陶瓷表达出来，这些思考促使他进步，引领他走向新的领域。"唯一遗憾的就是那个作品做完之后，一直也没时间进一步完善。这是最遗憾的事情。"如今罗振波还会常常在脑子里想《溯源》应该怎么做会更好看，但所有的想法都还只是停留在脑海当中。

踏实沉稳，靠产品稳步发展

土，性纯粹实在。

罗振波的品格脾性，恰好和土有类似的特征。罗振波的性格踏实沉稳，这与他的成长环境息息相关。罗振波的父亲是一名环境艺术设计师，父亲一丝不苟的工作态度和严厉的教育方式深刻影响着罗振波。他回忆起父亲，说道："小时候爸爸给我批改作业的时候，特别认真，一点错误都不允许留下，做不好就重新做，一直到全部做好才行。"这种踏实沉稳的性格让罗振波在长大后受益匪浅，使他能在工作之余静下心来不断提升手艺，从容平衡好工作与生活的关系，踏踏实实地设计出自己满意的作品，然后依靠产品稳步发展。

从教六年来，在与学生的接触中，罗振波每每都有新的收获，他真切感受到孩子们的童趣和创造力，并赞赏道："我有时候让孩子们做东西，并不要求他们一定要按照我说的意思去做，而是引导他们根据自己的特点去完成，教他们怎么样去寻找自己的灵感。"

在教学中，罗振波常常运用新鲜的方式设计课堂环节，引导学生积极表达自己的想法和态度。他经常把课堂搬到学校的操场上或者校外的小公园里，带领学生在真实环境中去寻找自然界最美的肌理，然后用泥土塑造出来，这样他不仅可以清楚看到学生的整个创作过程，自己也能从中得到更多的启发和思考，让自己不断进步。

当夜晚来临、孩子熟睡的时候，独属罗振波的创作时间也到来了。送走白天的喧闹，在这孤独但不寂寞的夜里，他拿起工具，安安静静地打磨自己的作品。"哪怕是坐在那里看书或者发呆，其实我都是沉浸在自己的世界里，脑子里在想问题，想上次那件作品做得怎么样，是不是有些细节没注意到，下次应该怎么改。如果能一直保持这样的状态，我觉得就会进步，不然就会颓废下去了。"

渐渐地，他开始积极地尝试跑集市，将自己每个月做的东西放到市场上去卖。不过他并不会急功近利地去迎合市场制作那些畅销的东西，而是遵循自己的内心想

法，觉得什么有意思就做什么。他也会困惑："有时候我们觉得很普通的东西反而全部卖掉了，很用心做的东西反而卖不掉。"即便如此，他也始终遵循内心，不完全按照市场规律来做陶瓷，而是坚持在陶瓷创作中保持艺术性，不让自己被同化。罗振波用景德镇陶瓷业的发展举例："景德镇的瓷器追求实用性，所以他们以量产为主。而我的创作不一定实用，有时只是想表达自己的一个观念、一个想法或仅仅是某一瞬间的感受。因此我的作品和景德镇的瓷器是不一样的。"

　　罗振波的妻子也毕业于中国美术学院，在罗振波创业的过程中一直给予他支持与帮助。"她的眼光确实蛮厉害，有时候会给我很多的指导和建议。我们每次出去摆集市或者做展览，都是她在操持。"罗振波的妻子学的是设计类专业，擅长颜色和材质的搭配，她的商业眼光在一定程度上影响着罗振波。

　　但在创业过程中，罗振波始终没有丢失自己的个性，他说："因为我们学陶艺，首先，你要研究它的土、它的釉。这些东西都研究好了，你还得研究它的造型。这其实是一个很慢很慢的过程。在这个缓慢的过程中形成的自己的个性，是我永远不会丢弃的东西。"

陶艺作品

在毕业后的这几年，面对现实的压力，罗振波也开始做一些实用的瓷器，但在实用之上，艺术性是他一直坚持的追求，他会不断考量陶瓷的实用性与美观性，进行适度的修饰，力求在机械制作的同时保留手工之美。

在云谷学校的教学中，罗振波擅长利用自己的专业特长，把教学内容与陶艺充分结合起来："国家教材里面是国画课，我上成陶艺课；油画课，我上成陶艺课——什么课我都把它'陶艺化'。"看起来十分有趣、轻松的课程，实际上需要花费罗振波大量的精力。"既然要上陶艺课，就要给学生们准备材料，还要给他们烧制，因此虽然我课不多，但每天都在干活。"即便十分辛苦，提到教师工作时，他的脸上依旧挂着笑容："辛苦，但是好玩，而且能出成果。自己喜欢就不会累。让别人来干，又脏粉尘又大，他们干不了。我们习惯了。"

为了让孩子们能更进一步感受陶瓷的魅力，罗振波曾带领学生去景德镇研学，"只有到了那样的地方，你才能有那样的感受。在学校里，再怎么用 PPT 跟他们讲，他们也领会不到"。他回忆起有一次带着学生在景德镇看压大瓷板的情形，当时学生脸上露出的震撼的表情，令他一直记忆犹新。

接下来，罗振波打算在创业上发力。他有一位与他一起创业的小伙伴，两人之间经常互相督促。"有时候我们两个会互相打气，互相推一把。有时候刚上完课，好累，我说要休息，他就喊我干活。他一偷懒我就说他，互相监督。"

陶艺之美，渗透在日常的杯、碗、盏当中，寻常人家中有了它们的身影，能为整个空间增添一丝韵味。比起装饰华丽的器物，罗振波更爱古朴的老物件。"比如在一些农村地区，人们日常用的饭碗就很好看。你看到它，就知道它用了很多年，有些地方都残破了，那种残破美会让你有所感触。"陶瓷中蕴含的朴实无华又有独特个性的气韵，正是罗振波性格中不可或缺的一部分。

巩固堆砌，"+"思维筑巢搭台

土，形宽广自由。

艺术创作是个人情感的流露与表达，随着材料种类越来越多、制作方式越来越便捷，陶艺创作的表现形式越来越丰富，陶艺创作的范畴也越来越广阔。中国作为陶瓷发源地和陶瓷大国，在陶艺创新上积累了丰富的经验。罗振波认为，艺术创作要站在巨人的肩膀上，从传统中攫取精华为己所用，把它们融入每一次捏塑的过程中，让每一件作品都能展现出最纯真的灵魂。

万事开头难。对于罗振波来说，创业的历程可以说是波折重重。"我们其实之前在外面开了店，后来因为疫情，园区不准进了，想着每天白交房租没意义，我干脆就不开店了。学校帮忙解决了一个展厅，我就把店里的东西全部搬进了学校，自己折腾，慢慢做一些东西。"疫情结束后，一切恢复正常，罗振波打算慢慢再把自己的店经营起来。为了增强自身的竞争力，罗振波打算从培训或"为生活而美"的角度出发展开经营，以与杭州现有的大部分纯手工陶吧区别开来。

通过云谷学校，罗振波接触过许多孤独症儿童，他发现他们制作出来的陶艺作品和普通儿童制作出来的相比，反而更生动、更治愈。

陶瓷给制作者提供了一种非语言的表达与沟通方式，制作者的创作过程是手与泥的沟通过程，更是他们与自我的内在沟通过程。对于孩子而言，做陶、玩泥是一种惬意的游戏，这个游戏带领他们进入无边无际的创作世界，让他们能够尽情表达自己的所思、所想、所感。古老又年轻的陶瓷艺术，孕育着生命最初的力量，"从这个角度看真的不一样，因为他们（孤独症儿童）更擅长用动作去表现，而不是靠嘴巴说"。

正是这段特殊的经历让罗振波想在新的领域做出突破与创新，"以后我想往艺术疗愈上面发展"。罗振波不甘于只做一个小学教师，他的心中有一团火，他说："（创业）不能只在学校这么玩，一定要开始做点东西，要去市场上走一走、看一看。不然学了那么多年，没有做出点什么，好像也有点难受。"

陶瓷是古代劳动人民智慧的结晶，同时也是中华优秀传统文化的重要组成部分，从远古走到现代，它本身就具有顽强的生命力和蓬勃的活力。

在教学时，罗振波十分注重把传统文化融入课堂："有时候我会给学生看一千年前的老陶瓷，让他们摸一摸，看看他们有没有什么想表达的东西。"在创作中，罗振波总是带着一颗无比虔诚的心，把先辈的智慧融入自己的理解，创作出一件又一件充满灵性的作品。"你在看到它的时候，会从骨子里觉得它很亲切，这就是很

传统的东西。虽然你可能不知道它是哪个朝代的，但是你知道它肯定是我们中国人的东西。"

陶瓷作为一门古老又年轻的艺术，在科学技术不断进步的今天，也在不断创新。艺术与科技两门不同特质的学科在罗振波的手下相互交汇和渗透，他把 3D 建模技术融入陶艺制作中，在工业化和传统化之间寻求有机平衡，使陶瓷在实现量产化的同时，又能保留手工的美感。

运用 3D 建模技术制作陶艺，需要反复修改方案，从最开始的草图到建模软件制作，再到定稿打印、石膏翻模，非常烦琐。罗振波指着电脑上面的模型说："3D 建模的树脂模型要打出来之后才能感受它的形到底对不对。我们制作这个模型的时候就出现了很多问题，在电脑上看到的东西跟打出来的完全不一样，最后反复试了好几遍才成功。"3D 建模技术给陶瓷这个传统工艺带来了新的生机，它解决了原本手工制作难以完成的复杂结构，让陶瓷实现量产化的同时又保留住了自己的独创性。罗振波自豪地说："用 3D 建模、翻模，自己配釉，自己烧制，每一个环节都是别人模仿不了的。因为配方是独家的，你没有配方，就做不出这个颜色。"

一切的尝试与创新，其实都是罗振波对于美的探索。艺术的发展始终伴随着对文化的传承，同时也离不开新兴技术的介入。罗振波始终立足于中华优秀传统文化，

带领孩子们走进陶艺的世界

利用 3D 建模技术将陶艺作品推上了一个新的台阶，创作出适应这个时代的新陶艺，为自己的创业之路赋能。

弦歌匠心，将生活装点如诗

土，待生根发芽。

梦想与现实的拉扯，让罗振波常常感受到时间不够用。在与他的交谈中，他不止一次提及自己想继续深造的愿望。"我想读博，我想考浙大"，他带着遗憾说道，"浙大计算机学院有个老师找我读博士研究生，如果我要考他的博士生，就必须达到计算机学院最基础的要求，但他们的要求像我们这样的艺术生是很难达到的。"当他回忆起在中国美术学院读研的日子时，脸上挂起了笑容："那时候虽然穷，但是能很纯粹地做艺术，现在虽然保证了温饱，却有了牵绊。"不过他从来没有放弃

工作室环境

陶器制作过程

自己的专业所学，一直在利用业余时间发展陶艺副业，"副业能够展示真正的自我那一部分"。

人如其器，器如其人。罗振波对陶瓷的热爱和不厌其烦的研究与思考，投射到他的作品中，化成了一种安定、沉着的力量。罗振波坚信积累的重要性，也一直在积累，他相信自己一定能爆发，只是时间问题。他怀着乐观的心态说："现在只是做一做，去市场上试试水。但我觉得很快应该就会小爆一下。有时候是累一点，但是蛮好玩。"

不断地思考，不断地学习，去感知泥土的韧劲，去驯服窑火的张力，日益成熟的作品和新兴技术的加成，相信罗振波的创业之路终会走上康庄大道。

罗振波从来不自诩为艺术家，但如果真正留意生活，艺术其实就在我们身边。"不管未来怎样，至少当下我是一个陶瓷艺术教育者，或者一个陶瓷艺术推广者。我一直沉迷于陶瓷的世界，也想今后能通过学习深造，在陶瓷艺术上获得更高的成就。"

不刻意而为，不过分设计，时间流逝，沉淀下来的技艺将更为成熟，创作的作品也将更为珍贵。罗振波一方面通过作品治愈自己的心灵，另一方面又在尝试跳出自己的舒适圈去创业，向受众传达器物背后的美。陶艺作为一个载体，让他与更多喜爱陶瓷、热爱传统文化的人建立起了联系。

罗振波的小红书名叫"垚兮陶"，更新频率不高，多是自己的作品和心情的表达，"我只想简简单单做一个小手艺人，自己寻求自己精神世界的快乐就够了"。关于如今小红书上的营销推广，他认为其中商业性大于艺术性，并不那么纯粹，"天天发小红书宣传自己，无非就是为了自己的作品能卖得更好一点。小红书上也不是完全没有纯粹的分享，有，但很少"。

创业没有捷径，只能一步一步走，稳扎稳打慢慢前进。无论前方是不是坦途，罗振波和他的团队都会继续向前走。等待春天，等待垚兮生根发芽。

王善扬　

以动画为志业

毕业于中国美术学院影视与动画艺术学院动画系
wuhu 动画人空间联合创始人

　　中国美术学院影视与动画艺术学院（原传媒动画学院）
动画系 2013 届、2014 届毕业生王善扬、林才标、宋之裕，
号称"wuhu 三侠"，因为热爱，他们一直坚守着动画梦想。
他们在 2013 年联合创办了 wuhu 动画工作室，此后便一直
坚定地走在创业路上。
　　wuhu 动画工作室是中国美术学院历史上首个获得"创
青春"全国大学生创业大赛金奖的团队，并荣获 2016 年"创
青春"中国青年互联网创业大赛银奖。创业十年来，他们参
与了联合国、中央电视台、麦当劳、海尔集团、泰豪科技、
李奥贝纳、阿里巴巴、腾讯等国内外机构和企业的大型的广
告合作，而他们建立的 wuhu 动画人空间也成了国内最大的
动画人平台，同时也是聚焦动画行业，致力于为动画人发声
的平台，受众覆盖全国 300 多所动画院校，吸引了一大批动
画爱好者的关注和参与。

今天，让我们和"wuhu 三侠"的领头人——"黑侠"王善扬一起品味创业道路上的酸甜苦辣，一起畅想中国动画人的宏远未来。

儿时梦想初萌，一路无畏践行

王善扬个人照

作为团队的领头人，王善扬给自己起了一个十分朴素的代号——黑侠。这个代号其实并没有什么高深的含义，只是因为王善扬"从小在福建长大，经常在太阳底下晒着，皮肤是三个人里面最黑的"。但是追溯王善扬心中了不起的动画梦，回到那个他成长的福建小县城，我们能够感受到"黑"的内涵——似火的骄阳不止晒黑了他的皮肤，也赋予了他"一条路闯到黑"的勇气。

《葫芦娃》是王善扬那代人的童年回忆，年幼的他在第一次看到这部动画时就被深深地吸引了，从那时候起，一个与动画相关的梦想开始在他幼小的心里生根发芽，继而蛮横而坚定地生长。"在非常小的时候，我就认清了自己这一辈子要干的事情。可能从看《葫芦娃》开始就喜欢动画了，一直梦想着自己也能做出好的动画作品。"王善扬回忆道。

在王善扬的少年时光里，小县城的生活还是相对传统和封闭的，"梦想"与"动画"仿佛天外来物，与安静平淡的小镇生活格格不入，很难得到周围人的理解，更不用说职业生涯的规划指导。直到高中，王善扬才知道原来可以通过画画参加艺考，进入专业的美术学院学习动画制作。

幸运的是，王善扬得到了父母无条件的支持。哪怕并不清楚这条动画之路究竟通向哪里，沿途遇到的会是美景还是险阻，凭借一腔热血与赤诚，王善扬还是决意

王善扬的毕业动画作品《回忆回忆的回忆》

一路走到黑。在梦想的驱使下，他一心扑在了绘画上。这种念头或许是上天的某种启示，在王善扬高考的这一年，奇迹发生了，对艺考知之甚少就去参加考试的王善扬，凭借出色而扎实的绘画功底，顺利被中国美术学院动画系录取。

在报考中国美术学院的时候，王善扬就很坚定地要学习动画专业，将来做一名动画人；考上大学后，他与理想之间更近了，未来甚至已经能够初见雏形，这让他更加干劲十足。别人进入大学后或许会在游戏和娱乐中放松一下高考的紧张与疲惫，他却舍不得把任何一点时间消磨在动画以外的事情上。泡图书馆、练习速写、学习动画软件、与优秀学长学姐交流成长经验……在日复一日的积累中，王善扬慢慢具备了一个合格动画人的专业素养。

毕业展出那一年，在1000多人的展厅播放完他的毕业作品《回忆回忆的回忆》后，现场所有人自发站起来鼓掌，那一刻，王善扬更加坚定了自己的动画梦想。也是在那个暑假，优酷网专门做了一期全国动画专业高校毕业季的专题，《回忆回忆的回忆》被置于优酷、土豆首页，全网视频浏览量短

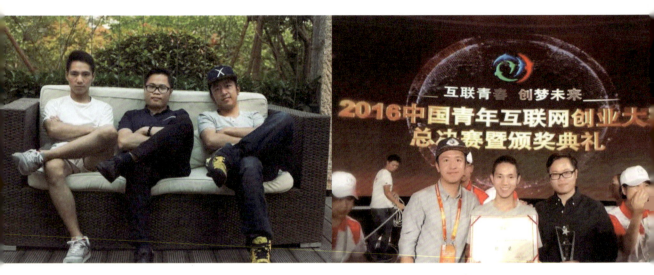

wuhu 三侠

时间内突破百万人次。

毕业前的一天，在去食堂吃饭的时候，王善扬跟既是老乡又是同班同学的林才标提出了创业的设想，之后两人便在中国美术学院的大草坪上拍板决定，一起做一个自己的动画工作室。低他们一届的动画系学弟宋之裕和他们熟识后，发现大家有很多相同的价值观和想做的事情，也决定加入他们的团队。于是，三个"90 后"的小伙伴自称"wuhu 三侠"，在母校中国美术学院一起成立了 wuhu 动画工作室。

"'wuhu'是一个语气词，希望让听到的人能感觉为之一振。"王善扬说，当然，更重要的是创业不容易，需要"wuhu"一声来给自己和团队小伙伴加油打气。

在创新创业大赛到来之际，在老师的引荐下，wuhu 动画工作室报名参加了比赛。没有经验，也没有"一定要拿很厉害的奖"的思想负担，王善扬只是单纯地想和众多优秀的团队一起切磋交流，同时也从"动画人"的视角出发，尽情地表达自己对这个世界的理解与畅想，让更多的人能看见自己的作品。在比赛的过程中，与那些组织完善、规模巨大的团队比起来，wuhu 动画工作室显得十分稚嫩、幼小，但由于拥有全新的血液和至纯的初心，团队迸发出了强烈的勇气和创造力，每个成员都热爱着自己的专业，并且不遗余力地运用自己的智慧和素养去完善参赛作品。

凭着这份热忱之心，王善扬和小伙伴们打动了评审老师和其他参赛队伍，收获了许多肯定和建议。他们不断迭代着自己的作品，也一次次勇敢突破和耐心打磨自己的心灵。最终，才华与汗水的凝结斩获了极高的认可，他们成为中国美术学院历史上第一个拿到"创青春"全国大学生创业大赛金奖的团队。

对王善扬来说，金奖的头衔是珍贵的，但是比它更珍贵的，是在比赛中全情投入、过关斩将的经历，以及在与其他各路创业团队的交流与碰撞中收获的新知。如何把自己对专业领域的思考凝结成具象的产品？如何路演才能把自己的作品更好地呈现给大众？如何利用融资工具为产品的打造注入更多的能量？王善扬静静地听、静静地想，他内心的艺术世界逐渐融入商业的活力，变得更加多元。

在团队创立之初，"wuhu 三侠"根据每个人的特长和偏好确定了大致的分工，其他两位大侠负责导演和团队管理，而王善扬则主管商务，成了公司向外拓展资源的代言人。他不断思考公司的战略发展和品牌定位，把在彼时的大环境下还比较冷门的动画推广出去，为公司寻找合作的契机。

才华和梦想往往也意味着个性和棱角，在一起创业的过程中，面对各种困难和变化，团队成员之间有过争吵和矛盾，甚至到过分崩离析的边缘。但也是由于共同的梦想、同样出色的才华和格局，还有年轻时就一起打拼的惺惺相惜，大家一次次心平气和地坐下来，彼此磨合妥协，寻找最好的解决方案。作为团队的负责人，王善扬也在一次次突破自己的格局，磨炼出越来越沉稳睿智、波澜不惊的个性，在瞬息万变的商业世界中成为团队的"定海神针"。

有苦吃苦，无路开路，在广阔的世界中以近乎草莽而又锐不可当的姿态前进着，团队本身的内核和凝聚力变得越来越强，彼此之间的革命友谊也越来越坚固。

回首来时风雨，已是波澜不惊

创业 10 年，公司的团队规模在高峰时达到 40 人，运营十分稳定，并且在王善扬的带领下还在不断开拓创新。从最初的三人协作到现在的大型团队，王善扬带领团队一路走来，发生了许多故事，现在再提起曾经的艰辛和磕碰，他们只是会心一笑，平静述说。

毕业就创业，而且"对我们而言，当时的就业环境和动画行业环境其实并不乐观"，王善扬坦言。囿于中国动漫产业的发展形势，一个年轻的初创公司想要生存下去并不容易。

创业最初，王善扬他们只有两台被毕业创作"摧残"过的很卡的电脑，缺人脉、少资源、没场所，启动资金严重不足。"wuhu 三侠"非常感谢当时的中国美术学院动画系主任韩晖老师给他们安排了一间教室，让他们有了一个工作的空间，可以坚持做动画的梦想。"那个时候虽然很艰苦，但也是我们最幸福的时光。"王善扬说。

王善扬至今都对他们拿到第一个项目的经历记忆犹新。"那时候我们差一点就要去河坊街、西湖边画人像了。后来没办法，我和林才标去学校文印店赊账打印了200 张名片，拿着作品和名片去了浙江出版公司聚集地——浙江出版联合集团大厦寻找业务。"到了出版大楼，他们一层一层往上走，敲开一间又一间办公室的门推销，一次次被拒之门外。这个过程很痛苦。一直走到了第 19 层，王善扬和林才标几乎已经不抱希望了，事情却有了转机。当时，杭州电子音像出版社刚好有动画需求，经过沟通后也初步愿意跟他们合作，并给了他们 1000 元的预付款。这是 wuhu 动画的第一笔收入，不仅解决了他们的燃眉之急，也让他们创业的信心更足了。

怀揣种子的人，只要愿意俯下身去播种、浇灌、施肥，来年的春天，自然会看到冒出土地的锦簇花团。懂得这个道理的人不在少数，但能够坚持下去的人凤毛麟角。

在创业最困难的时期，"wuhu 三侠"甚至凑不出多少饭钱，只能数着口袋里的硬币过日子。

"那时候我们数了数硬币，去外面买了三块钱的面条，在出租屋里的二手电磁炉上煮了，三个人一起吃了三天。"王善扬回忆着当时的窘况。虽然如今他可以十分淡定地说出这些往事，但对当时刚走出校园的热血青年来说，这种理想与现实的摩擦确实十分残酷。一些正常就业的同班同学来看望他们，看到他们艰苦的生活条件，难过得几乎快要落泪。而这些境况，他们也无法向最亲的父母诉说。他们放弃稳定的工作而选择创业，不仅很难开口向父母寻求经济支持，还需要向父母隐瞒自己的艰难处境，报喜不报忧，尽可能地让父母少担心一些。

"在当时的情况下，我们决定接其他公司的商业项目来养活自己，凭这些资金来维持生存。这样的状态大约持续了一年时间。"不过，在"养家糊口"的同时，王善扬并没有放弃原创动画梦。"我们制作了一些好玩有趣的动画小视频分享到网络上,像《安徽名菜臭鳜鱼》等,不仅赢得了人气,也逐渐得到了业内认可。"2016年底至2017年初,wuhu动画工作室接连为麦当劳制作了"麦当劳现代中国三部曲"动画广告,一经播出便在网络刷屏,创造了超过3亿次的播放量,有效助力了麦当劳2017年的营业额增长。

在王善扬看来,创业就是"从无到有"的过程,一路各种尝试,失败了就积累经验,成功了就再接再厉,如此而已。对于"wuhu三侠"而言,创业的过程历经艰辛,却也在筚路蓝缕之后品尝到了收获的喜悦。

打破"小我"局限,容融动画"大业"

当一个人的热爱与激情丰沛到一定程度时,巨量的社会资源会主动向他涌来。同时,一种类似"天命"的东西在他们的心中渐渐明朗,生命开阔到这种程度,他们的追求便不再是一亭一院、看花看鸟的闲散生活,也不是汲汲于公司上市,而是被巨大的能量推着走向风口浪尖,用自己的智慧和才华改造这个世界。

对王善扬来说,他所觉醒的远大追求便是将国产动画做大做强。为此,他十分重视人才的培养。"wuhu三侠"专门成立了"wuhu动画人空间"平台,这是一个专属于动画人的平台,为新生的优秀动画人提供加速孵化的机会,现已成为国内影响力最大的动画人圈层媒体之一。从2015年到现在,wuhu动画每一年都会举办全国高校动画人毕业季展平台,让优秀的作品有机会脱颖而出。2021年,wuhu动画和腾讯视频一起策划了中国青年动画导演扶持计划,组织举办线下动画学习班,甚至链接了海外动画行业的学习和交流资源,不遗余力地帮助新生代动画人成长。

作为受国产动画感召的创业者,王善扬对国产动画充满信心:"现在中国动画已经有很多出彩的作品出现了,我们作为行业的从业者,应当把他们的故事分享给更多热爱动画的小伙伴们。我们在传递动画人坚持梦想的故事。在这个过程中我们也不知不觉被赋予了很大的力量,这种力量让我们能更加坚强地坚持梦想,共同实现中国国产动画梦。"

王善扬参加动画电影活动

此外，他还希望做强品牌力。"我们团队的梦想是成为中国的迪士尼，我们相信，中国动画也是可以感召一代人的。"王善扬在去迪士尼乐园游玩时，会细心观察这个辉煌的国外动画公司。它们不再以单纯的动画制作技术作为"护城河"，而是有着一套更加多元而完善的动画文化。前者会让人鼓掌惊叹，而后者会让人有归属感，这意味着更强大的感召力。放眼迪士尼乐园，有非常多的游客愿意排长队和玲娜贝儿或者是其他的迪士尼动画角色合影；当迪士尼花车游行开始或者迪士尼动画主题音乐响起的时候，人们会跟随着节奏摇晃欢呼，整个乐园都沉浸在一种欢腾与幸福的氛围中。

这种景象，让作为一个专业动画人的王善扬十分神往，他把打造一个让人们感受到无比幸福的动画 IP 当作自己的志业。他也在不断思考，如何才能更好地把动画带到大众的生活圈层，为社会贡献出更多正向的力量。

王善扬是一个拥有国际化视野的人，除了学习迪士尼的品牌打造经验，他也在动画国际交流方面做了许多尝试。2018 年，wuhu 动画人空间成为法国安纳西动画电影节的官方合作媒体，努力在海外讲好国产动画的"中国故事"。即使后续新冠疫情暴发，这种海外传播也一直以线上的形式进行着。

在致力于向外传播的同时，王善扬也不断地把海外优秀动画创作经验引入国内。除了结识年轻的国外新锐动画人才，他还经常邀请知名动画大师为 wuhu 动画人空间做线上讲座。他坚信，跨地域、跨文化的作品交流能够为中国动画注入全新的活力。现实也的确如此，wuhu 动画人空间提供的线上交流机会吸引了许多动画爱好者，光是平时的直播人气就高达 163 万多人次。大家欢聚一堂，灵感和点子也在喜悦的气氛中源源不断地产生。

创业 10 年，王善扬走出了一条更加宽广而不设限的道路。他把"小我"放置在了"大我"之中，希望将自己的一生都投入动画事业中，并立志在中国的动画发展史上留下像《葫芦娃》一样经典的作品。我们相信，拥有如此格局的灵魂，定会在未来的几十年中持续创造奇迹。

初心不息传承，振兴伟业将启

王善扬是中国当代动画快速发展的亲历者，他深深感叹于一部优秀动画作品的力量之强大，甚至可以跨越时空和地域，为几代人带来快乐和启迪。当初让他埋下动画梦种子的《葫芦娃》《哪吒闹海》等优秀作品，现在依然影响着更加年轻的一代人。

在为了实现梦想而不断探索和创造的过程中，他一遍遍地寻找这些作品能够保持恒远生命力的原因，最终的结论是：优秀动画前辈心中的热爱与激情。从创作的初心看，这些前辈没有想着如何利用动画给自己带来巨额的财富，只是充满童心，充满为观众们带来感动与欢乐的美好希冀。

这种创造力外化出来的作品，跨越了山河大海，从上海民营厂走向福建的小县城，透过厚厚的彩色电视机荧幕，击中过王善扬的心灵，也一定击中过成千上万孩童的心灵。

进入中国美术学院学习后，王善扬在专业课的学习中了解到这些优秀国产动画背后的大师们，同时也生发出对他们热烈的崇拜。他循着条条门路，主动去认识《葫芦娃》《黑猫警长》等动画片背后的导演、美术指导老师们，渴望与他们面对面交流，更渴望近距离感受他们身上那种极致的艺术追求与创作激情。他那时候只是一个名不见经传的大学生，但是因为心中有无限的敬仰和爱，他积极主动地去结交这些大师，了解经典动画作品背后的创作故事与创作理念，与他们几乎成了忘年之交。

这种经历与感受，让他更加坚定了传承国产动画的信念。当老一代的动画人渐渐离去，新一辈的动画人自将以更忘我的精神投入动画的创作与传播当中。他也深感新老交接传承的重要性，于是才做了那么多公益性质的动画人才培养布局。正如他当初追星般地争取与动画前辈交流那样，他也在以极为包容和接纳的态度，接待大量热爱动画的年轻人才。

当王善扬还在求学时，跟同学在开玩笑时偶尔会吐槽国产动画的种种不足，而今他选择了这个行业，并成为扛起行业发展大旗的人，反而对国产动画的行业看法大有改观。无论是在自己身上，还是在身边的优秀动画创作者身上，他都能感受到对动画很纯粹的热爱。新生代的观众口味十分"刁钻"，动画电影也受到了其他类型影视作品的强力冲击，但是动画行业没有衰败之气，反而洋溢着一种迎难而上的锐气。动画人不断学习先进技术和成功经验，不断平衡市场表现和创作理念，从《白蛇·缘起》到如今的《深海》，越来越多凝结着创造与爱的作品出现在大银幕上，出现在新一代年轻人的记忆中，也一定能击中更多热爱动画的灵魂。

　　如今的国家政策为国产动画的发展带来了许多利好。首先是营商环境的优化，让资本的力量和市场的思维更加有序地进入动画这个艺术领域，在瞬息万变的商业世界中，动画行业的容错率实际上提升了，从业者有能力在保障自己生存的前提下进行创作，并且有更完善的激励机制。此外，愈发强大的国家综合实力和"讲好中国故事"的大趋势，也让更多的优秀中国动画走出国门，走上世界舞台，产生更大的影响力。由于动画作品肩负了展示中国文化、弘扬民族精神的宏伟使命，在题材选择和内容创作上也体现出了更大的格局。

　　当今正是国产动画发展的大好时期，所谓时势造英雄、英雄看时势，王善扬也十分期待中国美术学院的有志青年能够走上动画之路、创业之路。

遍寻心之所向，静候一路花开

　　回首创业经历，王善扬保持着一贯的谦逊而平和的态度。他认为创业很像那个"小马过河"的寓言，困难肯定会有，但是每个人遇到的困难不同，对困难的评价不同，适合的解决路径也不同，他人的经验只能作为参考，无法复制，想要获得成就，终究还需要自己一试深浅。

参加动画电影活动

　　相较于对创业的具体方法的建议，王善扬更强调创业的初心。作为一位已颇有影响力的动画人，王善扬认为，不管在什么赛道，能够做出成就的基础都是坚定的热爱；不一定要选择最热门的赛道，但一定要保证自己足够热爱。在他看来，如今光鲜耀眼的优秀创作者，几乎都是在行业大热以前就已深耕于此，不管行业是好是坏、外界如何评价，他们都在默默精进自己的技艺，所以当时代机遇降临时，他们才有足够的实力接住这从天而降的幸运。"作品能够火爆的原因，往往是因为他坚持了足够久。"王善扬感叹道，"而能够坚持下去的人，一定都遵从了自己的内心。"尊重自己内心的想法，对愿景有一个清晰的认识，会给人带来一种很纯粹的状态，让你不再去害怕前路会遇到多少困难，不再去担心自己的能力无法应对突发的问题，也不再会为外界的评论产生转换赛道的念头。当这些杂念在坚定的信念中消散一空，就如同习武之人打通了血脉中的凝滞，看到的自然是一番全新的景象。遇到困难，没有恐惧，没有逃避，只是大大方方地面对，大大方方地向前辈寻求建议，向家人寻求支持。

　　当你足够坚定时，整个世界都会帮助你展露光芒，所克服的困难也都只是帮助你实现梦想所做的准备。

　　此外，王善扬认为中国美院学子应该好好珍惜学校提供的大量资源。丰富多样的课程让大家得以涉猎大量跨专业的知识，多储备一点知识，或许它就会在未来的某一个时刻为你提供新的灵感，找到既定路径以外的更优解决方案。学校还有海量的人脉资源，不管是优秀的老师、热心的学长学姐，还是经验丰富的创业前辈，都能在你遇到困难时伸出援助之手。王善扬自己就在创业之初受到了学校许多老师的鼓励和帮助，对他来说，中国美术学院是他走上创业之路的重要土壤，他最初的激情正是有了良师的指导、益友的陪伴，才能持续地疯狂生长。

　　因为喜欢，所以选择动画；因为热爱，所以始终坚持。王善扬衷心祝愿每一位美院学子都能在母校的滋养和自我的探索中，拥有心想事成的美好体验。

苏 珈

在经纬线间重拾家的记忆

毕业于中国美术学院时尚设计学院染织设计专业
相拾珈作主理人
用美学知识创新香包
旨在传承东方技艺，传播中式美学

  驱车前往转塘街道，沿街的两栋高楼中央耸立着巨大的棕色山檐，让人不禁联想起《千与千寻》里的汤屋。不一会儿，"梦蝶街"三字映入眼帘，好似有蝴蝶从庄子的梦境中翩翩飞舞而来，指引着我们走向隐于喧嚣市区的茶屋。

  筝音淙淙，茶香袅袅。杯盏茶壶整齐地摆放在实木桌上，竹编架子上精心陈列着中式茶点，最引人注目的是笔挂上悬着的各色玲珑小巧的香包，那三角的廓形摇曳在光影之中，面上有着由密密匝匝的线编织而成的繁复纹样。坐在中间的女子，身着粉色编织旗袍，外搭一件白色开衫，面容姣好，耳挂珍珠，头发一丝不苟地盘在脑后，一束白山茶花头饰点缀其间，在鹅黄色灯火的晕染下，仿佛从古画中走出来的典雅仕女。

  不急不缓地沏一壶茶，品一品滇红的浓醇滋味，在一派古色古香的环境里，苏珈把她的创业历程娓娓道来。

悠悠端午，结缘香包

"相拾珈作"，是苏珈为自己的产品定下的品牌名称。"珈作"，既是"苏珈的手作"的缩写，亦与"佳作"同音，更是包含"家人的制作"之意；"相拾"，既是"相见如故，重拾记忆"，又是"香饰"的谐音。这短短四个字的背后是一段温情脉脉的岁月诗。

人的一生重要成就的种子一般都是在童年埋下的。2013 年从中国美术学院染织设计专业毕业后，苏珈先是在相关行业工作了两年，后来觉得自己无法适应上班的快节奏，于是决定自己创业。起初，苏珈想做一些与专业相关的事情，便开始设计抱枕和帆布包等家纺类产品。然而几个月之后，她觉察到，因为人们一般都是用抱枕来装饰新房，之后几年甚至十几年都不会换新，所以这些产品的复购率较低，无法形成可持续发展的优势。苏珈不愿意轻易放弃自己的品牌，多方探寻新的发展思路。

时逢端午佳节，在艾草悠悠的清香中，苏珈嗅到了记忆中家的味道，想起了奶奶缝制的香包、妈妈编织的毛衣，这些东西里都蕴藏着家人们对自己无声的爱意。苏珈茅塞顿开，决定以"家"作为品牌的设计主线，重新开始创业之路。

端午节回家后，苏珈跟着奶奶重新学习制作香包的手艺。之所以选择香包，一是苏珈自小就对香包的印象特别深刻，因为每年端午节奶奶都会给她制作香包，里面填充艾草、薄荷等中草药以避邪除秽，小小的香包寄托了老人家希望儿孙辟邪纳福、健康平安的美好愿望。二是从设计的专业角度出发，苏珈觉得香包有着很高的艺术价值，而且当时市场上也很少见，存在较大的创新推广空间。三是香包的款式颜色多样，除了自用，还可以作为赠送的礼物，复购率要比抱枕高很多。

针对年轻人的市场需求，苏珈开始对香包进行全方位的改良。首先，在香味上，她舍弃掉味道重的香料，加入沁人心脾的花香原料；其次，在颜色上，选用年轻人更容易接受的鲜亮色彩；最后，在造型上，开发适用于不同场景的香包款式，如车挂、手链、耳环、手机挂坠等。第一批产品出来后，苏珈决定去市场上试试水，于是报名参加了中国美术学院在 2015 年举办的毕业展，也就是南山艺术市集的前身。市场反响出乎苏珈的意料，她带去的产品从一开始就供不应求，每天都处于售空的状态。回想起那时候每天晚上与先生一起赶工的场景，苏珈得意地挑眉一笑。

起初，苏珈的工作室选址在杭州之江凤凰国际创意园区。中国美术学院老师会定期在毕业生创业 QQ 群里发一些优惠政策，2016 年，苏珈尝试申报了当年的大学生创业补助。她对评审当天的印象非常深刻——当时是夏天，自己挺着大肚子上台讲述香包的故事，台下的老师和同学的反馈都很好，最终她成功拿到了第二档补助。这让苏珈的创业信心更加坚定，童年时代播下的种子已然破土成长。

唤起年轻人对传统手工艺的记忆与热爱，是"相拾珈作"的设计理念。在运营线上淘宝店的时候，苏珈遇到了跟自己有相同成长经历的顾客。据那位顾客说，小时候，奶奶也会为他制作香包，长大后却再也寻觅不到这些令人难以忘却的物件了。有一天他无意中发现了苏珈的店铺，店铺陈列的物件一下子勾起了他很多的童年回忆。香包虽小，却能引起诸多人的共鸣，让人们重温旧日的温情，拾起在成长路上遗落的种种。

中国传统手艺中蕴含着平凡而伟大的力量，凝聚着传统文化与先人的智慧，每个中国人的基因中仿佛都刻有对中式风格的热爱。苏珈坦言，在香包的影响下，她的个人风格发生了天翻地覆的变化。大学时期，她格外钟爱欧美极简风，但在创立自己的品牌后，她的喜好完全转向了中式风格。我们的祖先留下了太多值得挖掘的资源，包括中式纹样、传统色彩等，完全可以把传统中式元素用于

香包产品照

香包制作过程

珠串、戒指、耳环……顺此思路，苏珈一头扎进中华传统美学的宝库，陆续开发出了不少中式饰品。

素雅、温婉、安静，是苏珈给自己作品风格标注的关键词。以古画为代表的中国古典艺术是她重要的灵感来源，她所开发的一款手机香包挂坠的颜色就取自名画《千里江山图》。中式美学讲究对称和谐，没有奇怪的视角和尖锐的突兀，四平八稳、执中守正是千年文化沉积而成的底蕴。受此影响，苏珈的性格也愈发沉稳从容。创业给她带来的另一个显著变化，是个人魅力的提升。相比于大学时期的安静内向，现在的苏珈更加开朗健谈，用现在的流行语来形容，就是"社牛"，面对任何人都能谈笑自若。

相较于规模化的创业团队，苏珈的"相拾珈作"更像是男耕女织的小农经济模式。她纯粹以兴趣为出发点，正巧碰上了市场机缘，于是便一往无前。有时候香包需求量大，一个人做不过来，苏珈还会请爸爸和奶奶帮忙制作。奶奶擅长女红、剪纸、十字绣、香包等各式各样的手工；爸爸虽然是法官，但香包做得比苏珈还好。

彩色丝线密密匝匝地绕于指尖，简单的材料在巧手下变身成多色多样的艺术品，将小小的香包握于掌心，犹如一滴清泉落入记忆之湖，泛起阵阵柔软的涟漪，让人脸上不自觉地绽放笑意。奶奶将爱意缝进香包传给苏珈，苏珈又给香包添上一份美好的期盼，传递给万千人。这种传承超越了血缘的桎梏，上升至更加广博的文化境界。

家庭是社会稳定而有序的基本单位，也是文明传承的重要载体。自古以来，中华民族就特别重视家庭文化，古训"家和万事兴"流传千年，寄寓了中国人对和睦生活的向往。《礼记·大学》言："古之欲明明德于天下者，先治其国；欲治其国者，先齐其家；欲齐其家者，先修其身。"修身齐家的观念牢牢根植于文化认同的土壤中。在古代社会中，大量的家规家训与治家格言都与家文化有密切关系。

迈入现代社会之后，家不只是安身立命的根基，更是遮风挡雨的港口，是个人心灵的依托。林语堂曾说："幸福人生，无非四件事，一是睡在自家床上；二是吃父母做的菜；三是听爱人讲情话；四是跟孩子做游戏。"看似稀松平常的小事，被家的烟火气息一萦绕，幸福就热腾腾地飘了出来。

"家"这一概念贯穿于苏珈的创业过程中，创业之初的家纺产品是为家服务的产品，转型后的香包更是融入了因家而来的丰富情感。苏珈巧妙地用香包承载"家"的概念，延续着中国传统的家文化。

无师自通的运营能手

流量，是苏珈创业以来遇到的最大关卡。她的产品在社交软件"小红书"上爆火后，苏珈开始尝试把产品图发布在小红书上，没想到大受欢迎，粉丝增长速度很快，每天点赞量都很大，还经常有人通过评论和私信询问东西是在哪里买的。那时候苏珈还是一名妥妥的摄影"小白"，完全是凭感觉拍照片，有人问她是如何拍出这么好看的照片的，她也回答不出来。或许这就是美的本能。培养学生的美感是中国美术学院的宗旨之一，无疑苏珈也是其中的受益者。

小红书上的意外收获让苏珈对自媒体有了更直观的认识，也让她意识到，在这个自媒体盛行的时代，虽然不一定需要时时冲在浪潮前端，但却绝对不能被远远丢在后面。在此之前，"相拾珈作"的产品以线下寄售模式居多，和苏珈合作的几家店铺销量也一直很稳定。2020年新冠疫情暴发后，实体店的经营举步维艰，对苏珈的事业造成了重创。所幸当时"相拾珈作"在小红书上的运营已有起色，流量也稳扎稳打地在提升，让苏珈有了一份坚持下去的底气。2022年1月，"相拾珈作"线上店铺正式开售，线上销量在一定程度上弥补了低靡不振的线下寄售。

"相拾珈作"的线上运营一直由苏珈亲自来做。也有很多运营团队私底下与她沟通过合作的可能性，但苏珈觉得自己的产品并不太适合过于大众化的推广模式，婉拒了许多邀约。苏珈的底气来自手作圈超强的凝聚力。在这里不得不再一次提到中国美术学院的南山艺市，它是中国美术学院提供给广大学子的巨大福利。通过南山艺市，苏珈结识了许多跟自己同类的手艺人，大家在同一个圈子，会互相推荐活动项目、互相评价作品，抱团取暖，共同发展。

苏珈素来十分重视个人特色。"创业，我觉得首先要看对这个东西的热爱度够不够，然后要清楚地认识到这个东西的优势在哪里，在大家眼里，你的东西跟别人的东西能不能区分开。"苏珈认为，在同类产品的赛道上，辨识度是不可或缺的优势，也是一个品牌的立足点。因此，无论是她拍摄的照片，还是制作的饰品，都力求能让人一眼就看出这是"相拾珈作"的产品。

不过，照片始终无法替代实物，苏珈不无遗憾地说道："可能大家觉得照片已经挺好看了，但是其实实物比照片中的更好看。这也是我很喜欢市集的一个原因，在市集上，你可以真实地摸到它，还可以上手试戴体验。"二维的平面照片无法复刻出三维事物的立体质感，通过照片我们只能感受一串手链的配色，但若能亲身体验便能发现，每一颗珠子都焕发着自己独特的光泽。为了弥补照片的不足，苏珈在珠子的色彩搭配上更为用心，从而也让自己的风格愈发突出。

鲜明的中国传统元素是苏珈作品的一个突出特色。最初给作品添加中国传统元素时，苏珈只是觉得这些元素与"相拾珈作"的产品特色，相得益彰，并没有想到会赶上如今的国风浪潮。如今有越来越多的年

饰品产品图

轻人爱上了中华传统文化，汉服甚至成为一种流行风尚，并因此衍生出了新中式风格产业圈。苏珈敏锐地捕捉到了这一点，并及时对产品风格和受众群体进行了调整：一是在设计产品时，把之前采用的传统大红大绿的基调调整为更加素雅的风格，让产品更适用于年轻人的日常穿戴或装饰；二是在推广时强化"中国传统特色"这个标签，并通过自媒体平台精准定位受众群体。

在当下的语境里，"标签化"是一个描述刻板印象的贬义词，甚至"拒绝标签化"成为部分年轻人呼吁的口号。苏珈却并不反感"标签化"，她反而很好地利用了"标签化"这把双刃剑的优势，使"相拾珈作"的品牌定位更加鲜明，这个昔日的摄影新手已经无师自通地成为运营能手，游刃有余地让大数据资源为自己所用。

爱好与工作的协奏曲

从事品牌创业后，苏珈遇到了很多与自己志同道合的手艺人，大家熟稔得仿佛相知已久。与普通公司充满压力的竞争氛围大相径庭，手艺人常年被艺术浸润，心思纯粹，所以相处起来一团和气。拥有越来越多的朋友，是苏珈在创业中的宝贵收获。正因如此，市集一直是苏珈无法割舍的热爱。虽然每次去参加市集都很辛苦，要背着大包小包早出晚归，苏珈却乐此不疲。苏珈也尝试过线上直播带货，可她总觉得隔着屏幕的交流过于冰冷，连

饰品产品图

参加市集展售

带着多彩的产品也失去了温度。市集则不然。在市集上，她可以穿着美美的衣服把物件摆放得井然有序，顾客给予的反馈直接而热烈，还有志趣相投的朋友时不时来串个门，相互学习、取长补短。

在未来的规划上，苏珈把香包视为品牌不能丢弃的灵魂，犹如坐镇一方的主帅，其他饰品则是冲锋陷阵、扩宽销路的小兵。此外，作为手艺人，她深知流量是决定手艺人能不能持续发展的关键，因此为了帮助其他手艺人引流，苏珈也在尝试做"好物推荐官"。另外，苏珈还有计划地在线下和线上推出一些手工课程，使手艺变现的形式更加多元化。

看到现在很多艺术专业的毕业生迫于经济压力而放弃自己喜欢的领域转而从事其他行业，苏珈很心痛，因此对于团队建设，苏珈未来可能会吸纳一些中国美院学子加入"相拾珈作"，给他们提供继续从事艺术创作的平台。人对美的追求是永恒的，苏珈觉得自己很幸运，虽然并不是一帆风顺，但能一直走在自己喜欢的路上就是一种幸福，她希望能有更多的人和她一样幸运，并愿意为此付出努力。

上野千鹤子提出过一个有趣的观点："天职（vocation）、职业（profession）、工作（job）是有区别的。三者重合是无上的幸运，但这样的情况寥寥无几。'无论能不能赚到钱都会做'的是天职，'利用专长谋生的差事'是职业，而工作是'奉人之命的有偿劳动，无关好恶'。除此之外还有爱好（hobby），指自掏腰包也要做的事。"

显然，对苏珈而言，创办相拾珈作是集天职、职业、工作、爱好于一体的幸事。家庭小作坊的创业形式让苏珈的心灵回归于古时"日出而作，日落而息，凿井而饮，耕田而食"的状态。古人虽然物质条件艰苦，但比大多数现代人更踏实、安心，因为他们的产出是可以直观感受到的食物。而在现代工业化的社会集体中，个人往往只是项目这台"机器"上的一颗小小螺丝钉，缺失了与成果之间的那份令人心安的直接联系。从这个角度来看，手艺人往往比上班族更容易得到幸福。

苏珈很幸运地在年轻时就能找到和爱好兼容的事业，她非常满足于目前自由而充实的生活状态，并将用一生的时间来演奏这首精彩绝伦的协奏曲。